世界奇异档案记录

第一季

九方楼兰 编著

ARTTIME 时代出版
时代出版传媒股份有限公司
北京时代华文书局

图书在版编目 (CIP) 数据

世界奇异档案记录. 第 2 季 / 九方楼兰编著. -- 北京 ： 北京时代华文书局，
2014. 8（2018. 8 重印）
ISBN 978-7-80769-756-5

Ⅰ．①世… Ⅱ．①九… Ⅲ．①科学知识－普及读物
Ⅳ．① Z228

中国版本图书馆 CIP 数据核字 (2014) 第 163432 号

世界奇异档案记录第二季

九方楼兰 编著

出版策划	博采雅集	
责任编辑	余玲 于倩 责任校对 寒江 装帧设计 付莉	
出 版	时代出版传媒股份有限公司 http://www.press-mart.com	
	北 京 时 代 华 文 书 局 http://www.bjsdsj.com.cn	
	北京市东城区安定门外大街 136 号皇城国际大厦 A 座 8 楼 邮编：100011	
发 行	北京博采雅集文化传媒有限公司 （010）52426815 62930660	
印 制	三河市金元印装有限公司	
规 格	710mm×1000mm 1/16	
印 张	16	
字 数	200 千字	
版 次	2014 年 9 月第 1 版 2018 年 8 月第 4 次印刷	
书 号	ISBN 978-7-80769-756-5	
定 价	29.80 元	

前　言

　　和绝大多数人一样，你也许根本不相信这个世界的复杂性，已经远远超出很多人的想象。不用说天空，光人类对海洋深处的无知，就像与5岁小孩研究精神分析学一样可笑。但可贵的是，人类对于未知的东西永远有着强烈的好奇之心，比如在这世界上所发生的那些悬疑、灵异、奇特而又无法用科学来解释的各种现象，常常勾起人们的好奇心。

　　从人类开始有文字起，世界各国都有很多关于奇异事件的记载，最远甚至能追溯到公元前3200多年的苏美尔文化，和公元前2000多年的古埃及文化。苏美尔人记录了波斯皇帝奇异的突然死亡，还有埃及人利用天神的力量修建了金字塔，这些东西让我们不太相信，但又找不到别的答案。

　　随着科学的发展和进步，人类已经从最原始的钻木取火，直到现在能飞出地球，到达月球这个神话传说中的天神住所。但即使在人类文明高度发达的今天，仍然有大量无法用科学方式来解释的灵异现象和怪异事件，无时无刻不在困扰着我们。

　　灵异录像、未知区域、天外星体、不明飞行物、怪异人性、惊悚事件，这些各种类型的事物让很多人穷极一生来研究，有些已经渐渐真相大白，但可惜的是，绝大多数事情仍然没有答案。

　　在本书里记载的这些事件和不解之谜，比如那些灵异录像到底是真的吗？人到底有没有特异功能？预言家是不是骗子？登月事件是造假吗？到底有没有莎士比亚这个人？……这些事件很大一部分都曾只秘密流传于非官方的野史，它们被官方压制、掩盖着，只能以一种地下的方式悄悄流行。但这并不能阻止我们看到和研究它们，也许正在看这本书的你就是其中某个事件的知情者，甚至就是你干的呢！

目 录

第三章　未解迷雾

第四章　怪异现象

第五章　历史悬案

第六章　考古发现

第七章　神秘财宝

第八章　奇特地球

第一章　惊悚记录

在聚会录像中挥手的神秘女子是鬼吗？传说中的南美和亚洲食人族到底存不存在？切尔诺贝利事件到底是怎么发生的？号称恐怖宅男的日本男子有什么特别？为什么李·卢卡斯会被媒体冠以"犯罪纪录保持者"这一称号？罪恶的曼森家族到底有什么不可告人的内幕？杀人犯怎么还会被叫作"小丑"？

日本挥手女人事件

这是一段日本网友投稿给电视台的聚会自拍视频，在视频中出现了一个神秘的女人，当时聚会的美女笑话了她几句。在地铁站上，那个神秘女人向他们挥手之后，竟然跳下站台，被飞驰的火车轧过，而人却不见了。事情还没完，聚会时的美女突然自杀身亡，这与那名女人有什么关系吗？

国外的电视台有很多奇特栏目，比如日本富山电视台就有一档名为《全日本最灵异》的视频秀节目，主播那些惊悚灵异又无法解释的奇特事件，其内容从口述、录音甚至到视频录像都有，大多是由日本各地市民提供的素材。

这档节目的收视率相当高，自从 2006 年开播以来，连续四年位列全日本电视台收视前三名。在该节目的投票活动中，2010 年第十五期节目以最高票数当选为"最受关注的一期"。

那是一段由富山县某个当地的年轻人投来的视频录像，年轻人名叫后藤京太，毕业于富山县高冈市县立大学。

"那是 2008 年 8 月份中旬左右吧，当时我刚毕业，应聘于日本一家很有名气的大社团。为了好好庆祝一下，和几名要好的同学就到酒馆去喝酒聊天。"后藤京太在接受富山电视台的采访时回忆道。他表情凝重，似乎当时的情景仍然历历在目，连对面的女主持人和摄影师都能感觉到。

酒馆那天的生意很不错，附近的每个包间都有客人。后藤一行共八人，由后藤京太负责用手持 DV 录像。这段录像只有五分零二秒，从画面上能看得出大家玩得都很高兴，连喝酒带猜拳，气氛相当高涨。

摄像镜头在每个人脸上一一晃过，尤其是最漂亮的一个姓伊势山的女同学，她是大家公认的班花，几乎每个男生都追过她，在这种小型聚会中，她当然也是最受欢迎的，几名男同学都轮流抢着和她喝酒 K 歌，其他的女同学都有些吃醋。这时有男同学指着对面说："你们看那边有个美女，长得很正点啊！"大家顺着他的手看过去，果然看到一名大约 30 岁、成熟漂亮的女人站在过道，似乎在和对面的人说着什么，可她的对面空无一人。

"那女人很漂亮，长发披肩，但脸色很苍白。她好像是在自言自语，大家看了半天也没看到她附近有人和她谈话。"后藤说，"可能大家都有点儿喝多了，于是就开始把伊势山和那个女孩做比较，说哪个更漂亮。伊势山知道自己长得漂亮，而且才 22 岁，比那个女人年轻得多，于是就远远地对着那个女人说了几句贬低她长相的话，说她长得老之类的，大家更起哄了。"

后藤回忆道："我记得当时伊势山在说那几句话的时候，那个女人慢慢把头转过来，朝我们这个方向看了一眼，然后又转了回去。我们那时还说笑，说她肯定是听到了，耳朵会不会发热之类的玩笑话。"

几个人继续喝酒猜拳，一直玩到晚上 10 点多，酒局才散去。因为地铁站会在 11 点之前关闭，于是大家纷纷道别回家。后藤和另外三个男生顺路，结伴在地铁站的东侧站台等着地铁。这时同学惊讶地说："你们看对面，是不是那个在酒馆看到的美女？"大家连忙看过去，果然，那个之前在酒馆遇到的成熟女人就站在他们对面的西侧站台，似乎也在等车，但奇怪的是，她面带微笑，正举起左手，慢慢地朝后藤他们几个人挥手，好像在告别。

"她……她是在朝我们挥手吗？"后藤的同学问。没人回答，大家都觉得很诡异。

就在这时，更恐怖的一幕出现了：

女人放下缓缓挥着的左手，朝前迈了几步，忽然跳下站台，又慢慢站起来，就站在铁轨上，仍然举起左手，向后藤他们挥着。站台两侧等车的乘客都看到了女人的举动，都露出惊讶的神色，因为这时地铁列车已经开过来了。还没等后藤等人反应过来，飞驰的列车已经从女人身上轧了过去。

惊呼声四起，后藤的一个男同学更是用手捂着嘴，弯下腰干呕起来。后藤也跟上去查看，但手中的 DV 还是扫了一下对面的铁轨，列车已经开过去了，却没看到那个女人的影子。

后藤把视频分别传给了当时参加聚会的同学们，大家都无法解释，而且有眼尖的同学指出，在后藤的男同学弯腰捂嘴的同时，镜头右下角闪过的瞬间，那名跳轨的女人露了半张脸出来，就在东侧的站台下方，铁轨内。

事情还没完，几天后，那名姓伊势山的女同学意外地在后藤他们看到女人跳轨的那个地铁站跳轨自杀身亡！

没人知道原因，但所有人都不相信，包括伊势山的父母，因为伊势山性格非常阳光，家庭条件也好，她没有任何理由自杀；但种种迹象和调查结果都表明，她确是自己跳下铁轨自杀的。从地铁站台的监控录像中显示，伊势山在跳下铁轨之前还向对面挥了挥手，但对面根本就没有人。

伊势山的父母坚持认为女儿是受到了迷幻药的蛊惑，或者被一个躲藏起来的坏人引诱所致。但接下来的调查证明，他们的猜测并没有半点证据和线索。后藤京太和同学们都对伊势山的自杀感到十分悲痛，而且他们也觉得，那天庆祝聚会中出现的"挥手女人"肯定与伊势山的自杀有某种神秘的联系，却又找不到什么证据，因为他们再也没见到那个女人。

当后藤京太把视频录像交给富山电视台之后，电视台曾经调集电脑专家和视频处理专家们，对这段视频进行了详细的技术分析，结果都表明视频是真的，并没有伪造成分。这就更难以从科学的角度来解释了，因为现代科学并不承认有鬼魂存在。

可视频录像的内容又怎么解释？如果说是后藤京太他们故意演戏给人看，那也太冒险了些——有谁愿意跳下铁轨冒着被轧死的风险，就为上电视制造轰动？那可是要出人命的。高冈市警视厅传唤了包括后藤京太在内的那7名男女同学，想知道他们是否有集体造假的嫌疑，但最后什么也没找到，这七个人的证词都很真实，没有任何值得怀疑的地方。

日本这个国家一向盛产各类灵异事件，惊悚灵异类的电影也拍了不少，如最著名的伪纪录灵异片《灵异咒》就是个典型的例子，因此有很多人怀疑这段录像也被动过手脚，比如是几个灵异爱好者自导自演的结果。但视频专家们给出的结论是板上钉钉，甚至有很多怀疑论者亲自到事发的那间酒吧和地铁站走访调查，也没找到可疑之处。

除了这段"挥手女人录像"之外，此类灵异视频还有一些，也都引起过轰动，比如著名的"葡萄牙灵异车祸事件"和前阵子闹得沸沸扬扬的"蓝可儿电梯事件"。无论是警方还是专家，都无法从这些灵异视频中找出伪造的痕迹。但在科学如此发达的今天，又让我们很难相信世上真有所谓的灵魂和鬼这档子事，究竟谁对谁错？看来只有继续等待了。

芝加哥杀人小丑

在普通人看来，小丑应该是令人快乐和引发欢笑的，但要是遇到由约翰·韦恩·加里扮演的小丑，恐怕你就只有惊慌尖叫的份了。与美国著名影星同名的这个芝加哥人，到底有着怎样不堪回首的过去和未来？

他叫约翰·韦恩·加里，与专门扮演西部牛仔的著名影星同名，也许他的父母是约翰·韦恩的影迷吧。加里出生于 1942 年的芝加哥，有两个姐姐，虽然他是家里唯一的男孩，但并不能阻止他经常被父亲暴揍。他父亲是从"一战"退役下来的老兵，可能患上了战争综合征，经常酗酒，或是用皮带抽打妻子和儿女。不管他怎么扮乖，父亲永远把他称为"傻子"或者是"胆小鬼"。

在加里 9 岁的时候，有一天，他父亲的一位老朋友趁家里没人对其进行了性侵，这给他的童年性心理造成很大影响。到了 11 岁，他在玩秋千的时候被甩了出去，前额狠狠撞在地上引发血栓，甚至一度引发昏厥。可他的老兵父亲却觉得他只是在假装可怜来骗取同情，这让他对家庭尤其是父母彻底失望。

20 岁时，加里终于忍无可忍，离家出走了。他在附近的一家殡仪馆找到工作，待遇还算不错。半年后再次回到芝加哥，他的芝加哥商学院文凭也下来了，他成绩很好，跳槽到一家销售皮鞋的公司做推销员。

在那家公司，加里与自己的第一任妻子相识了，结婚后他们共同帮忙打理岳父在爱荷华的肯德基快餐店。加里工作非常卖力，在同时管理三家肯德基店的时候，他还取得了"杰出青年商会"副主席的头衔，他的成绩甚至得到了他那混蛋老兵父亲的肯定。

加里人缘不错，在所居住的社区很受邻居尊敬，尤其是小孩子们。因为他特别会扮演一名叫"Pogo"的小丑去逗小孩们开心。但在他26岁时，有过一次因为性骚扰男同事和意图强奸男孩而留下的案底。但在那之后，他表现得更加循规蹈矩，因此别人对他的那次案底也没怎么太在意，随着时间的流逝，大家对他仍然很放心。可他的妻子却不能原谅他，两人还是离婚了。

"我不能接受自己的丈夫是个同性恋，男人怎么可能对男人有爱情，甚至睡觉？我感到很恶心，所以我必须离开他。"加里的原配妻子在接受媒体采访时说道。

离婚后的第二年，加里改行经营承包装修工程。和以前一样，他非常积极地投身于公共事业，参加很多社会服务，甚至还和政界建立了联系。由于加里免费清洁民主党的办公地点，之后便被获许加入街道照明工程团队，并成为所在选区的主任。在1978年5月，加里组织了一次波兰宪法游行活动，刚好当时的美国第一夫人罗莎琳·卡特也在附近出席活动，她对加里组织的活动很赞赏，两人还合了影，加里更是得到了第一夫人的亲笔签名。

加里再次结婚了，妻子是当地议员的侄女，那名议员对加里比较有好感，于是就把自己的侄女介绍给了他。加里很喜欢画画，但只画一种东西，那就是小丑。他所画的小丑造型都很扭曲，有很多甚至以童话为背景，让人根本看不懂。

加里还加入了当地一个叫"欢乐小丑"的俱乐部，为自己设计了很独特的小丑形象"高跷小丑"（Pogo the Clown），并经常在芝加哥的各种聚会游行和筹款仪式上为大家表演。不过，加里和第二任妻子的婚

第一章　惊悚记录

姻也没维持多久，因为某次他忍不住坦白自己是双性恋之后，议员的侄女再也不和他发生性关系，双方最终协议离婚。

从那之后，加里开始培养自己的"特殊嗜好"，把当地少年以聚会吸毒、召妓和看色情影片为由引诱到他家的地下室，谎称是为了进行科学研究，实际上是为了和他们发生性关系。但因为事情没闹大，所以警察也没找上他，但一切都从1978年12月11日改变了。

在那天，只有15岁的药店雇员罗伯特·皮斯特去另一家公司进行工作面试，却突然失踪，再也找不到他了。警方发现皮斯特所去的那家公司就是加里所在的建筑公司。加里被列为头号嫌犯，他的犯罪记录也浮出水面。警方随后对加里的住处进行搜查，找到一些并不属于他的物品，它们都指向几名与加里有关的失踪人员，其中就包括皮斯特和另外一名受雇于加里建筑公司的员工。

警方对加里进行调查，但他推得一干二净，在没有直接证据的情况下，警方所能做的只有严密监控他的住所和行踪。

到了12月20日，不知加里是怎么想的，反正他竟然主动邀请在门外蹲守的警员进屋。警察们坐在他家里的沙发中喝咖啡，而加里却自顾自地去洗澡。这时，一名鼻子很灵的警察闻到了类似腐尸的气味，好像是从地板下面传出来的。于是警方又开出搜查令，开始彻底搜查加里房子的地下室，结果令人震惊不已。

"我们找到了加里的住宅地下室，那里有一道隐藏得很巧妙的暗门，里面是间地下室。"当时的办案警察格里菲斯回忆道，"刚进入地下室，我们就被那股腐尸味道给差点熏死，里面有七具高度腐烂的尸体，是男是女都无法辨认，后来通过DNA检验才鉴定了他们的身份，其中就有罗伯特·皮斯特。"

另一名警察说："我们立刻在屋子周围和后花园的地面开始掘土，结果又找到二十一具尸体，也全都烂得不成样子。在对加里的审问中，他全都招供了。在附近的一座河桥下，我们又找到四具被埋的尸体。那真是太震惊了，我们都不相信加里这种老好人、模范青年居然是一名变态的连环冷血杀人魔王。"

之所以把那四具尸体埋在河桥下，是因为加里屋子和花园再也没有空地来埋人。一般的连环杀人魔大多精干瘦削，而加里身材十分肥胖，这在美国的重大案件中是很罕见的。

刚开始加里不承认这三十二人都是他杀的，只承认其中的五起，他说剩下的全是自己的雇员在陷害自己。他甚至还在电台开通了热线，指责别人杀人后在自己家中抛尸太不道德，但要想听完这段长达十二分钟的录音，却要花费 23.88 美元。

在长时间的审讯下，加里放弃了抵抗，他配合地供出从 1972 年被自己性侵过和虐待杀害的所有少年，先后共有三十二人。通常做法是开车到长途汽车站或火车站，以提供工作和召妓为借口拉来未成年的男子，或者直接强行绑架上汽车带走。在把被害人迷晕后，加里将其捆绑再吊起，实施各种性侵害，最后把他们用止血带一一勒死。

1980 年 2 月，加里的案子开始审理，在审理期间，加里试图用精神异常之类的理由上诉无罪，但是没能被接受。在同年的 3 月 13 日，约翰·韦恩·加里被控三十二起谋杀罪名成立，正式宣判处以死刑，到了 1994 年 5 月 10 日，他在伊利诺伊州监狱被施以注射死刑。

在最后执行死刑前，加里对他的律师说，杀死他并不能让那些死人复活，而现在要杀死他的却是无耻的国家机器。加里在临死前说的最后一句话是"亲我的屁股吧"，而他吃的最后一顿饭是肯德基快餐。

加里是被确诊的、具有典型反社会人格的连环杀手。他的外表看起来十分亲和，总能给人留下很好的印象。但这个"模范青年"只是他平时的伪装，而扮小丑表演，也许才是加里把自己最真实的一面展现给别人的时刻。

小丑的本意是给人们带来快乐，这也是小丑表演的初衷，但约翰·韦恩·加里却将许多人心目中那搞笑的小丑变成了"杀人小丑"，不得不说发人深省。

惊心食人族

`

有关"食人族"的故事真是太多了，但恐怕没几个人真正了解它，更没有几个人看到过真正的食人族。这个传说中的恐怖部族到底是否真的存在？让我们走进南美亚马逊和非洲巴布亚新几内亚，与这两个地方的食人族进行零距离接触！

1878年6月，斐济派出的一名政府官员和三名英国传教士来到非洲小国巴布亚新几内亚，他们本来是打算在当地进行宗教民意调查和传教的，可倒霉的是，这四人不到半个月就被当地一个叫萨姆古玛的原始部落杀死。最惨的是，他们死后也没得安宁，这个部落的人将四人的尸体分而食之，当成了晚餐。

这件事传入英国后引起巨大反响，著名传教士勒布朗亲自组织并指挥了一支由自愿者组成、由英国政府出资的传教士军队。该军队来到巴布亚新几内亚，对萨姆古玛这个原始部族施行了"惩罚"行动，杀死其多名族人，并烧毁了几个村庄。

勒布朗和同伴的行为引起了澳大利亚等多地宗教组织的强烈抗议，事情闹得沸沸扬扬，但毕竟是部族吃人在先，所以最后此事还是不了了之。而一百多年后的2007年，仍然居住在巴布亚新几内亚的食人族后代们早已不再食人，他们委托巴新政府发出声明，为自己祖辈们曾经的行为正式道歉。

食人族可能是这个地球上最令人感到害怕的种族了，由于千百年来的进化，人类对同类的尸体和骨骼产生一种天生的恐惧感，而食人族竟然毫不避讳这种恐惧，更是令人胆寒。

食人族的英文名称是 Cannibal，该称呼是由哥伦布发明的，而非洲的食人族用当地族语发音就是 Samguma（萨姆古玛），目前地球上仅有南美和非洲存在食人族。在墨西哥有这样的古老传说，在该国北部的某些地区曾经有很多与世隔绝的古老部落，其中有一个叫 Xiximes 的古老部族，其用来祈祷来年粮食丰收的方式竟然是吃掉本族之人。

2001 年 10 月，七名美国考古学家在一名叫比尔的富翁资助下，开始正式研究食人族这个课题，研究小组被称为比尔小组。他们收获还是不小的，首先有人在墨西哥北部的杜兰戈州山区找到了很多"食人族"存在的证据——三十多根人类骨头，考究其年代应是 1425 年以后的，这些骨头被挖出来之前，都埋在海拔近万米的洞穴上。

经过专家们仔细研究，他们发现其中至少八成以上的骨头都被烹煮和切割过，由此他们能肯定，当时居住在这里的 Xiximes 族就是食人族无疑。根据 20 世纪英国传教士们留下的记载表明，当时的 Xiximes 族人们普遍认为，在一场战斗结束之后，如果能把敌人的尸体吃掉，再把骨头清洗干净，最后在祭奠仪式上供奉这些骨头，那么就能确保本部落第二年风调雨顺、五谷丰登。

为了更好地开展研究，七名科学家分成两组，分别冒险深入南美亚马逊盆地和非洲的巴布亚新几内亚，去寻找传说中的 Xiximes 族和 Samguma 族。

Xiximes 也就是现在的加勒比人，他们是拉丁美洲印第安人的一个分支，主要分布在亚马逊盆地、圭亚那高原和加勒比地区的低地。他们被分为海岛和大陆两支，海岛的人已经所剩无几，而在大陆上的现在散布在圭亚那、委内瑞拉和巴西等国家，仍然使用加勒比语，但没有自己的文字。

前往亚马逊的三名科学家们在当地向导和保镖的带领下，乘船顺着亚马逊的众多河流深入丛林中，用卫星电话和设在玛瑙斯的驻地联系。五天后他们与驻地失去联络，直到二十六天后，课题小组派出的搜索队才在丛林入口处找到他们，个个惊魂未定，以下是根据他们的回忆整理的记录。

科学家文森特回忆道："我们在向导的带领下进入丛林，用卫星定位仪前往地图上加勒比人的居住地。贪婪的向导想多索取报酬，我们不答应，结果他就把我们扔在丛林中不管了，临走的时候还偷走了地图和GPS仪器。我们只能靠指南针前进，却没想到还真撞进了加勒比人的部落村中。

"那时候加勒比人正好与另外一个部族的人打仗，他们用人骨制成弓箭和长矛，还有用石片磨成的大砍刀。他们打了胜仗，抓到很多敌人，男男女女共有几十人。加勒比人对待那些俘虏的残忍程度，真让我们难以置信，我一辈子也忘不掉。他们把活着的男性俘虏都带回村里，先是把他们串在长矛上，让他们哀号几天几夜而死，然后再吃掉。

"那些在战斗中被打死的男性敌人也一样会被吃掉，而加勒比人抓走战俘时，还会将其中年轻男孩的生殖器官切掉，那样就会使男孩长得更胖些。当他们想要大吃一顿时，就会杀死并吃掉那些男孩，但他们并不吃女人和幼童，只是让他们做苦力或者性奴隶。原先我们以为是加勒比人不爱吃，后来才知道，他们吃人并不是为了美味或填饱肚子，而是他们觉得能得到被食者身上的力量和优点，以后他们就会战无不胜。"

文森特等三人不幸被加勒比人抓到，成了俘虏，也许是他们的穿着打扮令加勒比人感到新奇，加勒比人并没有急于将三人吃掉，而是把他们绑在村中的大树上。这样一来，三名科学家亲眼目睹了以上他们所讲述的那些恐怖场面。在某个下着大雨的夜晚，加勒比人在将三人转移到草屋内时，三人乘机打昏对方，这才逃了出来，如果不是搜索小组幸运地遇到他们，这三人恐怕早就被困死在亚马逊了。

在 17 世纪，法国著名学者福里·布列通就记载过有关加勒比人的传说，说他们将一个叫阿拉瓦的部族的男子全部杀光，而且还吃掉他们，再将那一族的女人收为妻妾或奴隶。很多人类学家对这些传说的可信度保持怀疑，但后来比尔小组的经历让人类学家们不得不相信布列通的记载。

另外一组去非洲的四名科学家还算幸运，他们没有被巴布亚新几内亚的萨姆古玛人俘虏，却也带回了大量珍贵的资料。

这四人小组的领队是女科学家劳拉，她与队中的保镖兼向导、巴新当地人卢克索尔聊天时，卢克索尔说："我以前当过兵，就驻守在巴布亚新几内亚地区。那时我们军营的驻地后边有一大片坟地，晚上经常会有人去那里偷走刚刚埋葬的尸体。开始我们以为盗墓是为了钱，或是冥婚什么的，后来才知道，那些偷尸贼的目的居然是为了吃人肉！"

劳拉听得毛骨悚然，卢克索尔又说："那些人就是当地的食人族，他们会把尸体偷回去煮熟吃掉，人的大腿骨还能制成弓箭。我们曾经抓到过几名偷尸的族人，问他们偷尸体是不是因为食物短缺，他们回答不是，最主要的原因是部落有着独特的习俗，他们觉得吃了人肉就能吸收死者生前的一切力量，吃肉者的能力也能得到双倍提升。再上战场和敌人打仗，就会觉得自己无所畏惧。"

四人小组终于来到萨姆古玛族的村落附近，在暗中进行的调查中，他们动用了高倍望远镜、手持高清摄像机等现代化设备，拍到不少资料。

他们发现，这些萨姆古玛族人将自己的敌人当作食物吃掉，是为了"捕捉灵魂"，用来补偿失去的勇士。而有时他们也会吃掉本族中刚刚死去的人，据说是为了保留一种叫作"努"的东西。萨古玛族人认为，"努"是一种在自然界中无法再生的重要东西，有点像大众所说的灵魂。

而他们食人的过程也并不是草率的，甚至严肃得像某种重要仪式。科学家们发现，萨姆古玛人会将那些死者清洗干净，平放在木桌上，再把即将被食用的部分认真挑出来，有时仅限于很小的几块肉，但通常都有人的心脏。看来他们也知道这个会怦怦跳动的器官，是人体最重要的部位。

比尔小组研究的食人族资料都是相当真实的，而有关这方面的电影也有不少，大多是一些不能公开放映和发行的禁片，甚至情色电影，如《惊人食人族》《性感食人族》《兽女——亚马逊食人族》等地下电影。这些电影主打恐怖血腥的场面，追求令人反感的感官刺激，并没有任何艺术成分。

在人类高度文明的今天，吃人已经成了只有在噩梦中才能遇到的怪事。我们也希望那些仍然保留着食人风俗的落后部族早一天能意识到这种行为的荒唐和无知。

"恐怖宅男"宫崎勤

在大多数人看来，宅男一般都是无害、温和，甚至是窝囊的，可这个宫崎勤却不同，他绝对是这个世界上最令人恐惧的"宅男"！多重人格、性倒错、性变态、虐待狂、食人……为什么这些恐怖的字眼会全部集中在这个看上去温和腼腆的大男孩身上？他对日本社会的影响又有多大？

1988年8月22日，日本埼玉县入间市的4岁女孩今野真理在自己家附近失踪，她的父母虽然报了警，但一直没有女儿的下落。

1988年10月3日，埼玉县饭能市的7岁女童吉泽正美在家附近失踪，虽然父母也报警了，但就是找不到踪影。

1988年12月9日，埼玉县川越市的4岁小女孩难波绘梨香在家附近失踪。

1988年12月15日，难波绘梨香的全裸尸体在埼玉县名栗村附近森林里被发现，是被勒死的。凶残的作案手段引起强烈反响，而连续三起失踪案也让埼玉县警方很头疼。

1988年12月20日，难波绘梨香家中收到一张明信片，上面写着"绘梨香虽然死了，但她很快乐"的字样。

1989年2月6日，今野真理家中收到一个装有骨灰的纸箱，里面附有"真理的遗骨，火化过，你们可以鉴定"的纸片。开始警方以为那只是其他被害人的尸骨，但经过鉴定后，确定真是今野真理的遗骨。

1989年2月10日，朝日新闻东京新闻本社收到了一封署名为"今田勇子"的声明信，信上说对今野真理的案子负责。虽然口气相当平稳，但据朝日新闻的工作人员私底下透露，当时看到这封信时，每个人都觉得"那人简直是个疯子"。

1989年3月11日，署名"今田勇子"的信又被寄到东京朝日新闻本社和今野真理家中，信中还说"感谢你们为她举行葬礼"，让今野家的人愤怒到极点。

1989年6月6日，住在东京都江东区东云的5岁女孩野本绫子在家附近失踪。

1989年6月11日，在埼玉县饭能市宫泽湖灵园内的流动厕所里，野本绫子的全裸无头尸体被发现，而且手脚全部被斩断。当时的媒体称：这根本不是正常人能犯的案子！

1989年7月23日，一名男子涉嫌在东京都八王子市内诱拐一名6岁的女童，还用汽车把她带到树林里。正在他想用DV拍摄女孩的全裸录像时，被尾随在后的女孩父亲当场制服，并且扭送到警局。这名男子的胳膊好像先天有病，根本无法举过头顶，也没法反抗。

以上就是案子的全过程，但事情却只是刚刚开始。这名男子叫宫崎勤，27岁，警方在他家里搜出了六千多本色情录像、儿童色情录像和色情动漫，其中还有四名受害女童的裸照和残害片段。

除了大量幼童、虐待漫画和同性恋刊物之外，宫崎勤还喜欢将虐待或杀害少女的过程拍摄下来留念。据说在检查这些录像带的内容时，就连办案十几年的老刑警都皱起眉头表示看不下去，因此不难想象其内容的惊悚度。为了侦查案件过程，警方命令宫崎勤重现当时杀害吉泽正美的现场，宫崎勤很自然的照着做了，丝毫没有害怕或惊慌的样子。

宫崎勤也没隐瞒，供出了他拐杀幼女的整个过程和真相。他出身于中产家庭，父亲是开印刷厂的，但父母太忙，仅有的依靠就是和他同住的爷爷，爷孙俩感情很好。他患有"先天性桡骨尺骨不全症"，导致手骨骼发育不良，手臂也不能往上举，这让他没办法与成年女性接近和交往，因为没有哪个正常女性愿意和残疾男人交朋友。

在1988年5月，宫崎勤的爷爷去世，他更加感到孤独和害怕，在爷爷死去的三个月，他居然吃掉了爷爷的骨灰。从那之后，他开始妄想如果吃掉一些女童的尸体，也许能让爷爷复活，但同时又担心爷爷尸体还在，那样就会出现"两个爷爷"，这是他自供的吃爷爷遗骨的原因。

他下手了，每次得手后，宫崎勤都会肢解受害者的尸体，睡在死尸旁边，还喝死者的血。他用女人的名字写信给日本媒体，宣称对这些罪行负全责。

宫崎勤事件开始进入司法诉讼程序，首次审理在1990年3月30日举行，在审理中，宫崎勤供述了"将少女手掌脚掌切断后吃掉"的罪行，让法庭的所有人大为震惊。同时陪审团中也有人提出质疑，认为宫崎勤的行为是不是有精神病，于是法庭邀请了庆应大学教授保崎秀夫为首的精神鉴定团，正式为宫崎勤进行精神鉴定。鉴定结果很令人震惊，宫崎勤患有多重人格、性倒错、性变态、虐待狂、食人等多种心理疾病。

日本法院开始了对他进行为期三年的心理评估，有两份报告说他精神不全，第三份则说他有人格障碍。宫崎勤多年来也以此为借口进行上诉，坚称自己是在精神病状态的驱使下犯法。而当初的鉴定者保崎秀夫在法庭上表示，宫崎勤有严重的恋童倾向，而当时恋童在日本法律中还不算精神类疾病。

宫崎勤的上诉花招还有很多，比如他说是一个卡通人物"老鼠人"下的毒手，还画了很多张所谓"老鼠人"长相的草图，却从未向任何受害家属表示过悔意。日本著名评论家大冢英志认为，宫崎勤的犯罪行为，和他幼年孤独的性格有极大关系。

到了 1992 年 3 月 31 日，保崎秀夫对宫崎勤的精神鉴定终于出炉，主要有三条：

1. 极端的性格偏执症，多数时间处于精神病状态，但拥有行事的责任和行为能力。

2. 包括多重人格的精神病症，偶尔有限的责任和行为能力。

3. 精神系统综合失调症。

在 1994 年，宫崎勤的父亲因为儿子那震惊全国的行为而感到羞辱，最后跳河自杀，宫崎勤在听到父亲死了的消息之后，说他"精神为之一振"，并表示"觉得很爽"。

那段时间，日本社会因为宫崎勤事件简直炸了锅，无数日本国民都纷纷表示，必须判处其死刑，很多有女孩的家长甚至成天守在看押宫崎勤的拘留所门口，要等宫崎勤出来的时候亲手宰了他。

基于保崎秀夫的那份报告结果，在 1996 年阔别四年的庭审上，检察官基于强制猥亵、诱拐、杀人、尸体毁损、尸体遗弃等罪名，正式对宫崎勤提出死刑要求。宫崎勤仍然提出上诉，说是由于心神丧失所造成的精神衰弱，并不是他的过错。但在 1997 年 4 月 14 日的法庭上，一审宣布结束，东京地方法院还是裁定宫崎勤死刑。宫崎勤又上诉，东京高等法院仍然坚持一审判决，最后终于在 2001 年 6 月 28 日宣告宫崎勤被判死刑。

在临死前，宫崎勤还对心理治疗师说："我死后请你告诉全世界，我是个好人。"

日本是除美国外唯一实施死刑的发达国家，这次宫崎勤被执行死刑，遭到了欧盟和很多人权团体的批评，说它加快了死刑步伐。但当时的日本首相福田康夫说，日本没有停止执行死刑的打算。他对记者说："在日本，大多数人的观点是要维持死刑，因为没有任何人有权力对轻易剥夺他人性命的犯罪者进行姑息。"

照片上的宫崎勤相貌平平，给人一种温和厚道的感觉，但他做出的事，却是很多 CULT 电影也达不到的重口味和变态。此事给日本社会带来巨大震惊和愤怒，许多人尤其是教育家都深深地反思着，"御宅一族"也因此遭到很多白眼和歧视。事件发生后，日本的动漫游戏产业遭受到毁灭性打击，一直到了 1995 年才开始慢慢恢复，但漫画的印刷量仅有 1987 年的十分之一还不到。

由于日本动漫经济的多元化发展，近年来日本的动漫收益仍然在年年增长。日本人很看重"御宅"文化，现在日本的宅男越来越多，宅男文化正在重新被日本人所肯定。

东南亚诡异风俗

在东南亚到底有多少诡异无比的风俗？恐怕谁也说不清。人妖、异食癖、女体盛宴、原始习俗、奇怪事件、恐怖动物、神秘商店……如果不是亲眼所见，笔者打死也不相信这些东西，但它们的的确确存在。

东南亚是在"二战"后期才有的新地区名词，共有十一个国家，分别是越南、老挝、柬埔寨、泰国、缅甸、马来西亚、新加坡、印度尼西亚、文莱、菲律宾和东帝汶。其地理位置非常特殊，它是全亚洲纬度最低的地区，又是太平洋和印度洋的交汇地。这种地理位置，使得东南亚具有湿热的气候，热带森林非常繁盛。这里的人口也是世界上最稠密的地区之一，而且华人特别多，大多是从清末到"二战"时间，因躲避战乱而从中国移民过去的，东南亚也是外籍华人华侨最集中的地区。

为了调查那些诡异风俗，笔者特地到东南亚各国实地考察了一番，收获不小，其中有疑惑、好奇、意外、敬佩和恐惧，很多事情甚至可以用触目惊心来形容。

在马来西亚的一些偏僻小巷中，我经常会看到很多外表神神秘秘的商店，这些商店外面没有招牌，也没有任何牌匾和文字介绍，只能从橱窗中看到很多白色的圆形小纸桶。当然，知道这些店的人都不会感到摸不着头脑，因为它们也不是卖常规商品的店。

我在当地朋友的介绍下走进一家这样的商店，里面商品很多，有用白色圆纸桶包装的，外面用黑笔写着大大的"旬"字，不知何意；有用小塑料袋装的，还有很大的方形纸盒，就像鞋盒那种。

老板神神秘秘地凑上来问我："要多大年龄，什么类型，几天的？"

我不知道他在说什么，老板随手拿过一个白圆纸桶，后面粘着一张彩色照片，是个大概不到18岁的年轻女孩，穿着高中生水手校服，用手掩着脸，但仍然能看出长得很漂亮。老板指着纸桶说："怎么样，清纯型的应该喜欢吧？只穿了半天，很好的。"

我恍然大悟！原来这家店专门卖女子穿过的各种内衣，穿着时间从半天到十天都有，大多附有原主人的照片，看来是用来满足那种恋物癖的男人。我找了个借口逃出商店，店老板明显不太高兴，因为我打扰了他的生意。据当地的朋友介绍，这种商店成本不算高，但生意很好，我很无语，看来有奇怪癖好的男人还真不少。

走在印度尼西亚的大街上，有时我会看到挂有"救命堂"三个鎏金铜字的店铺，第一反应这里应该是医院或药铺，走进去才发现，居然是饭店，而且只卖一种食材，那就是蛇。

炒蛇肉、炸蛇肉、煮的、蒸的都有，还有生吃的和生喝蛇血。里面摆有很多大大小小的玻璃罐，里面大多是活蛇，也有极特殊的风干之后的死蛇，大多是黑漆漆地盘成一团。我刚坐下，店老板就上来招呼，打开了一个竹编的大筐。我吓得连忙后退，里面黑压压的全是蛇，黑的白的花的，看得我头皮发麻。

在店老板的介绍下，我选了一条无毒的成年蛇，店老板把选好的活蛇用利刀砍下蛇头，将蛇血放到玻璃杯里，这条蛇只能灌半杯血。他让我把血趁热喝了，说能壮骨壮阳，我硬着头皮喝下去，真是腥鲜苦涩，也不知道会不会中毒。

然后店老板用刀把还在乱动的蛇身迅速切成十几段，在下面生火的铁板上来回翻炒，再配上作料，香倒是非常香，很快一盘蛇肉就炒好了，从未吃过蛇肉的我为了体验生活，只好提起筷子吃了几口。说实话确实很好吃，或者说我从未吃过如此好吃的肉。但害怕吃多了会遭报应，我并没有把整盘肉吃完，但我也没忘了问店老板为什么蛇肉店会叫作"救命堂"？店老板笑着说因为他们东南亚人深信吃蛇肉能治病。在结账之后，店老板还向我炫耀了一下他的收藏品——几张巨大又很长的蟒蛇皮，看上去最少有五六米长。

　　除了吃蛇，印尼人还喜欢吃蝙蝠、蜥蜴和壁虎等中国人做梦也不敢吃的东西。在菜市场中，我亲眼看到那些倒吊在铁笼子里的活蝙蝠动个不停，老板用一根末端带利钩的铁棍穿透蝙蝠那薄薄的翅膀，把它们拎出来，再用锤子打昏，然后就开始剥皮，剥光皮的蝙蝠就像烧烤摊上的小鹌鹑，根本认不出来了，最后装好袋交给顾客们带走。在看到专门活剥蜥蜴皮的场面时，我几乎要吐了出来，赶紧远远逃开。

　　无论其他国家还是中国，都有一些"神秘"而又古老的技法，比如不用刀子就能徒手穿破肚皮把肚子里的"病"拿出来的治疗手段。东南亚的菲律宾就有很多会这手绝活的神医，他们在当地的地位非常高，不是所有的病都能找他们治，要是那种绝症或是怪病才行。我曾经有幸目睹过一次神医用"掌刀"开刀治病的现场，这些神医要先了解病人的基本情况，比如病灶的位置，然后他们会喝下一些酒，让自己进入一种类似半催眠的状态。

　　当他们的超能力开始时，自己也会有感觉，那时病人家属就会让病人赶紧平躺，把病灶位置裸露出来，神医面无表情，神色恍惚，慢慢地走到病人身边，用一只手直接在病人的皮肤上划几下，只有少量鲜血涌出，然后神医双手并用，一齐插进病人体内，好像在掏着什么。病人好像完全没有痛感，也不哭叫，只是一般都会用布盖在脸上，以免看到现场而惊惶。

最多也就是两三分钟，神医边掏边把一些东西甩在旁边的托盘上，有的是血块，也有肿瘤之类的东西。最后神医用沾血的双掌在病人表皮上随意抹上几抹，完全没有任何伤口，而神医也瘫坐在椅子上，沉沉睡去，病人的病也基本好了。

泰国不光有人妖，还有很多满足各类人群各种要求的场所，但并不是你所想的妓院。我在泰国一位朋友的带领下，偷偷见识了某家"易容馆"。这个易容并不是武侠小说中的整容，而是专门为成年人甚至老年人开办的地方。

那些已经六七十岁的老人都穿得很体面，有的甚至是有头有脸的人或是富翁，他们先付过钱，然后脱光衣服，穿上婴儿用的大号纸尿裤，戴上婴儿帽，嘴里含着奶嘴，手里玩着拨浪鼓。而另一位美女则穿上女仆的衣服，让你坐在木马上玩，给你讲童话故事，最后哄你睡觉。

没错，让成年人再次享受童年，大多数来这里的顾客都是童年缺失，或者工作压力太大，从而在这里发泄。

在缅甸，很多信仰宗教的原始村落还保留着穿刺身体的仪式，我花了大价钱参加过一次缅甸南部某村的盛大仪式，真是大开眼界。那些人把又细又长的锋利钢钎从左腮刺入，再从右腮刺出，这还算是最简单的。他们还从下颌刺进，头顶穿出，我真不知道铁针穿透大脑，人还怎么活；但那些人不但没事，好像还更精神，又跳又唱的。穿舌头、穿大脑、穿肚子……总之除了眼珠，他们好像敢于穿透自己身体的任何部位。

在马来西亚等国游历时，我也看到了传说中的"下降头"仪式，所谓下降头，用中国话说就是被诅咒了。下降者据说都是法术高超的人，被施降者大多精神错乱，打人毁物，除了好事什么事都敢做。而解降师也很厉害，我看到的那次仪式中，解降师命人用火把一大锅油烧得滚热，让四个壮汉把被下降的一个年轻男子四肢按住，赤裸上身，然后解降师用勺子从锅中盛起满满的一大勺油，慢慢淋在男子身上。

男子神情恍惚，油浇在身上对他来说就像是自来水一样，完全不疼，我倒是看得直吸凉气。整锅油都浇光之后，解降师画了几道符贴在男子身上，嘴里念念有词，不到二十分钟，那男子变正常了，家属连连向解降师道谢，塞红包。这个过程我因为没亲自验证过热油的真伪，所以持怀疑态度。

除了以上这些事，还有很多更重口味的事件，出于担心读者的接受程度，就不一一多说了。在东南亚游历了这么一大圈后，我看到了很多诡异风俗和奇闻怪事，回想起来，大多数都与不健康的生活习惯和扭曲的人生价值观分不开的，是应该摒弃的恶俗。

李·卢卡斯——犯罪纪录保持者

以前只听过体育世界纪录保持者，或者是吉尼斯纪录保持者，难道犯罪也有纪录保持者？这个李·卢卡斯到底是什么样的家伙，能让媒体冠以这样的称号？这个习惯用无差别手段害人的混蛋，心里究竟是怎么想的呢？

叫卢卡斯的人都很有名，比如著名的美国电影大导演和制片人，还有谢霆锋的儿子，但我们要说的这个卢卡斯，虽然没有他们有名气，但其行为绝对厉害，因为他是某项世界纪录的保持者。

1982年10月，美国得克萨斯州南部某镇的一名寡妇突然失踪，警方找了很久也没结果。最后有人举报说在公路边的灌木丛中发现有女人尸体，警方去后仔细一看，果然就是那个寡妇，但她的包不见了。据最后见过活着的寡妇的目击者说，她是随身带着包的，因此警察认为，那个包应该是被凶手拿走了。

公路巡警开始盘查过往的车辆，在一个中年男人的汽车后座上有个女式皮包，于是对车主例行检查。这个男人名叫亨利·李·卢卡斯，身体十分强壮，除了左眼有明显残疾之外，还算是个英俊的人。

除了那个空空如也的女式包之外，没有其他的证据，卢卡斯也说那包只是他从路边捡来的，和他没有半毛钱关系。经过对证，发现这个女式包并不属于那个失踪的寡妇，而且加油站收据也能证明，在寡妇被害的时候，卢卡斯还在两百多英里以外的公路上行驶，没有作案的时间。

但警方并不想轻易放过他，好在警察在卢卡斯汽车后备厢里发现了一把看上去很危险的刀，于是就以携带危险武器的罪名把他扣留起来，继续盘问着。

按程序进行的审问很费时间，这个卢卡斯明显有些不耐烦了，于是竟然招供了很多令警方目瞪口呆的案件，包括他在这二十多年来都杀了多少人，还包括一个叫奥缇斯·艾尔伍德·图勒的同伙。

从那时起，这个疯狂杀人犯的"事迹"就震惊了全世界。

几乎所有变态者都有不幸的童年，这一点是毫无例外的，卢卡斯也是——哪个孩子在他家的那种环境下，如果还能保持心理正常，那才真叫奇迹。亨利·李·卢卡斯出生于1936年8月的弗吉尼亚，他老爸出车祸双腿都没有了，也不能工作，而他母亲为了养家只好去当妓女，同时还吸毒，打起人来也很猛。卢卡斯这个倒霉孩子就成了父母心情不爽时发泄怒火的出气筒，他的童年基本上都是在被骂被打中度过。

卢卡斯挨过的打是常人难以想象的，左眼被打瞎就是个例子，连他自己都记不清是哪次挨打造成的了，次数太多。在他13岁时，他母亲的暴打导致卢卡斯头部狠狠撞在铁管上，直接损害了他的大脑，有人分析，这很有可能是导致他以后精神分裂和冷血行为的原因。

"小时候我最喜欢抓小动物了，比如鸽子、白鼠，还有猫狗，然后我再把它们折磨到死。"卢卡斯在警局回忆道，"因为我母亲经常殴打我，所以我也不觉得折磨小动物是残忍的，那很正常，不是吗？我能从中得到满足，看到那些徒劳挣扎的小动物，我就在想，是否有一天我能用同样的手段去折磨人呢？"

遇到他母亲心情好的时候，就会把卢卡斯打扮成女人，还得去上学，他不去就要挨打。同学们的嘲笑让他彻底没有了男人的自尊，他后来成了双性恋。更严重的是，他母亲在家里接待嫖客的时候从不避着卢卡斯，有时还会强迫让他看。卢卡斯从那以后就认为，所有的性行为都应该像这样随便，任何人和任何人都可以。这种想法长期折磨着卢卡斯："为什么我母亲可以随意和别人发生性关系，而我却不行？"后来他每次杀人的理由几乎都相同——对方不肯和他发生性关系。

"我第一次杀人就是在13岁那年，我想强奸一个不到18岁的少女，可她拼命反抗，我用力勒她的脖子。当我平静下来松开手时，发现她已经被勒死了。"卢卡斯在讲这件事情的时候很得意，他说并不认识那个女孩，在杀人之后，他把尸体拖到河边树林里。

对于这件事，警方无法确定其真实程度，因为时间太久，而且卢卡斯也说不出女孩的名字。他们特地去卢卡斯幼年时生活的地方调查，当地没有任何一起少女失踪或被害案。警方有理由怀疑，要么是卢卡斯记错了时间和地点，要么就是他自己的幻觉。

卢卡斯说："23岁那年，我认识了一个叫莎拉的女孩，不久后我们就订婚了。可我母亲不喜欢莎拉，不只是莎拉，我母亲反对我和任何女孩交往，好像她希望我永远是她的玩具。我开始反抗，她发现控制不了我，就开始千方百计破坏我的婚事。最后莎拉害怕了，她觉得不太可能和我母亲这么怪的婆婆友好相处，于是她离开了我。"

在警方档案上，卢卡斯的首个犯罪记录就因为这个。由于女友离他而去，愤怒的卢卡斯失去理智，在和母亲的争吵中，卢卡斯扼住她的咽喉，又用餐刀插了她十几个窟窿，最后还强奸了母亲的尸体。

这种行为肯定不正常，卢卡斯的律师把他童年的遭遇展示给法官和陪审团们，最后大家都接受了辩方精神病专家的意见——卢卡斯有严重的精神分裂症。最后法庭宣布，让卢卡斯在精神病院里关上四十年。

随着卢卡斯被关进精神病院，之前关注他的那些媒体也慢慢消停了，开始去寻找新的新闻点。大家都以为，卢卡斯会在精神病院度过下半生了，这个疯子开始被人们淡忘。

可事实并非如此，卢卡斯的变态不等于傻，他开始装成正常人，因此他只在精神病院里过了十年，就被相信他恢复理智的医生们给放了，卢卡斯获得了假释。

亨利·李·卢卡斯正式解放了，同时也开始了疯狂的杀人生涯。他开着汽车在美国各大州的公路上游荡，在要下手的目标上，他就和电影《老无所依》中的安通·齐古尔一样，完全没有标准，从10岁到79岁，只要是女人就行。"我最喜欢的目标是在公路上汽车抛锚的单身女人，她们需要帮助，而且也没什么反抗能力，最主要的是，每天都能遇到。"卢卡斯笑着说，"只要看到有车子抛锚，我都会停车去查看，如果车主是单身女性，两个女人也行，我就去强奸她们，如果对方反抗，我就用刀子刺死她们之后再强奸。"

在1976年，卢卡斯又认识了另外一个疯子，此人名叫奥缇斯·艾尔伍德·图勒，他有异装癖，比卢卡斯要小11岁。他们是在佛罗里达州相遇的，从此后两人结伴而行，他们既是双性恋的情人，又是杀人搭档。他们用过很多杀人手段，有时他们还喜欢把受害人横着放在公路上，然后再开车压过去。

到了1978年，图勒把自己15岁的侄女贝奇介绍给卢卡斯相识，也许是从她身上看到了订婚对象莎拉的影子，卢卡斯爱上了贝奇，两人最后开始同居。这让图勒十分恼火，他和卢卡斯的关系也破裂，最后图勒无法忍受，和他俩分道扬镳。

但在1979年，警方发现了一名15岁女孩的尸体，尸体被肢解后放进枕头套里，丢弃在荒郊野外。那时还没人知道是谁干的，但后来卢卡斯被捕后，警方也很难说清凶手到底是卢卡斯，还是她的叔叔图勒。根据卢卡斯对女性的一贯态度，警方还是更多地怀疑卢卡斯——他在杀害每名女性的同时，都会幻想成是杀害自己的母亲。

卢卡斯被捕后不到三个月，图勒也被警方抓获。卢卡斯和图勒好像是在炫耀自己的杀人经历，他们俩几乎每天都会向警方提供新的案子，他们的供述让警察目瞪口呆。

"你和图勒总共杀过多少人，还记得吗？"得州警察总署的警员问卢卡斯。

卢卡斯想了半天，回答："算上我们在西班牙和日本干过的，应该有五百多个吧。"

图勒则又补充道："我觉得有六百个。"

据他们自己所说，他们曾经在美国的二十六个州和欧洲制造了六百多起谋杀，但这六百多起谋杀中的绝大部分，警方根本无从调查。卢卡斯还说他们去过西班牙和日本作案，但警方发现他们却从未离开过美国境内。卢卡斯还说过，他曾经在弗吉尼亚杀了一名女教师，甚至还提供了姓名。而警方也确实找到了这名女教师，但她活得好好的，也从没听说过卢卡斯这个人。

不过，卢卡斯也提供了很多真实的细节，比如受害人姓名、职业、遇害地点和遇害时穿的衣服等。卢卡斯似乎很喜欢和警方玩真真假假的游戏。他的供词有时完全不着调，有时又会透露很多心惊肉跳的真实情况。

他曾经提到图勒杀过一个叫亚当·沃什的6岁儿童，在警方的失踪人员名单上也确实有这个孩子，于是警方开始审问图勒。图勒先承认又否认，而卢卡斯却肯定是图勒干的。但某天卢卡斯又推翻了自己说过的话，说图勒根本没杀过那孩子，只是图勒在吹牛而已。但警方认为他至少知道亚当·沃什案件的部分情况，因此对此案的调查断断续续持续了好几年。图勒再也不肯张嘴了，而卢卡斯也半真半假，让警方完全没办法。

直到1996年为止，警方能确认的只有那"六百起凶杀案"中的六起，卢卡斯也带着警方找到了埋尸地点并挖出受害者尸体。另外有两百多起谋杀案，警方怀疑与卢卡斯和图勒有关，但又不能完全肯定，因为卢卡斯不肯提供更多细节，也许他真记不清了——如果一个凶手真的杀了两百多个人，也确实很难记住每名受害者。

卢卡斯在长达几年的审讯中曾经说过："我什么也不想再说了，等我再托生于人间，也许能告诉你们更多事情。"

可是，还会有更多的"事情"吗？没人能回答。

经过十几年的漫长关押，警方已经对卢卡斯不抱任何希望。卢卡斯对监狱感到厌烦时，他就会通知警察，说突然又想起了某个受害者的情况。大多数时候，卢卡斯说的这些情况全是扯淡，只是他想出去散散心而已，但偶尔也会有些令警方感兴趣的东西。卢卡斯的目的很明显，他想引起警方注意，他最担心的就是被警方给忘了。

到了1996年9月15日，卢卡斯的死党图勒因肝衰竭而死在监狱里，这时的卢卡斯终于告诉警方，那个小男孩亚当·沃什确实是图勒杀的，还带着警方到了一个地方。他说："尸体被我们藏在在一个很狭窄的坟墓里，那里令我感到恶心，所以我之前一直没招供。"警方果真在那里找到了男孩的尸体。

这世界上没人能解释这对犯罪史上最臭名昭著的连环杀手有什么犯罪动机。如果按照卢卡斯的说法，他们的动机很单纯，就是因为想杀人而已。卢卡斯说，很多案件都是他按照"死亡之手"的指示来完成的，这无疑是精神分裂的表现。其实无论是卢卡斯还是图勒，都属于典型的精神分裂变态者。一名曾经在街头接受采访的美国市民说："他们就是疯子，我觉得他们都应该下地狱去！"

卢卡斯和图勒被捕后，对他们的审判拖了很久。最后图勒被判处死刑，但在被转送到佛罗里达州监狱后，又被诊断出患了精神分裂症的妄想狂，于是他的死刑也被减为六个终身监禁，最后在1996年病死。

而1998年3月31日，得克萨斯州法院终于判处亨利·李·卢卡斯死刑，并计划在 6 月 30 日执行。但到了 6 月份，美国总统再次签发了对他的缓刑令，不过最终卢卡斯还是被执行了死刑。

美国电影人没放过这个家伙，到现在已经拍了几部关于卢卡斯的电影，有《连环杀手亨利》和纪录片《连环杀手的自白书》等。现在，人们最关心的已经不是卢卡斯二人组的杀人动机，而是他们到底害过多少条人命：最少六个，最多六百个。这也许成了永远的谜。官方倾向于两百条这个数字，但其他四百起案件都是扯淡吗？没人敢保证。

可能真相已经不重要，留在大家记忆中的，就只剩卢卡斯在法庭上那句令举世震惊的解释："我喜欢杀人，这很普通，就像很多人喜欢散步似的，只是嗜好不同而已。一旦我觉得想杀人了，就上街去随便找一个……"真是令人发指的浑蛋！

人类的噩梦：切尔诺贝利

戈尔巴乔夫曾经说过："对于这次事件，我和其他人一样，都不了解事情的真相。"他说真话了吗？这个被称为人类二十世纪最大灾难的事件，到底是怎么发生的？它对人类有着多么严重的影响？苏联的解体与它有关吗？现在是否还会继续影响着我们？

这原本是一个安宁而平静的地区，现在却变成了"恐怖、死亡、地狱"的代名词。这是一片不毛之地，没有任何生物能在这里正常存活，而距离这里稍远些的地方，则成了恐怖分子、亡命徒和叛军的天堂，这就是普里皮亚季，切尔诺贝利核电站的所在地。

"切尔诺贝利"（Chernobyl）这个名字是斯拉夫单词"切尔诺伯格"（Chernobog）的变体，该词在古代斯拉夫神话中是专门掌管黑暗、死亡和疾病的黑之神住所。没人知道为什么会把原名列宁发电厂改成这个恐怖的名字，不过现在看来，当时负责起名的人还有些预言家的天分。

1986 年 4 月 26 日，俄罗斯当地时间凌晨 1 点 24 分，当时还属于苏联的乌克兰共和国切尔诺贝利核能发电厂（原名列宁核能发电厂）的四号反应堆发生严重泄漏事故，一千七百多平方公里的土地都遭到辐射。后续的爆炸引发大火，并且散发出无数高辐射物质到空中的大气层，涵盖了大面积区域。

"那时我们都在睡觉，突然听到从切尔诺贝利电厂的那个方向传来一阵巨响，声音特别大，连我家里睡得最死的老父亲也被惊醒了。"当年经历过此事件的当地人舍瓦琴科在接受记者采访时回忆道，"开始我们以为是地震，但又不像，于是很多人纷纷走出来看，电厂的方向有一道几十米高的火柱，还有建筑碎裂的声音，我们都不知道发生了什么。"

　　这次事故的原因，是电厂操作员粗心大意地违反了操作规程，还有一些没被察觉出来的设计缺陷。另外的原因则是安全干事和负责夜间实验操作员之间的通信不够紧密，总之，人为因素大于先天因素。可奇怪的是，事后一年之内，所有的当事人都失踪了。

　　大家做梦也想不到的是，最先遭到核辐射侵害的切尔诺贝利周围当地人，却是最后知道这个灾难性消息的人。电厂的四号核反应堆爆炸发生在4月26日凌晨，随后不久，大规模的核泄漏就开始了。离切尔诺贝利最近的普里亚特镇居民当天下午两点开始被告知要撤离，但政府的理由是发生了火灾。因为大多数人对核泄漏都不很了解，而且当时确实也看到了火柱，于是就都信了。在26日当天还有十多对新人在小镇的教堂举行了婚礼，婚礼举办地点距离事故发生地的直线距离不到两公里！

　　普里皮亚季的约五万名居民全部被疏散，如今仍是一座无人居住的"死城"。核电站周围半径三十公里的地区被开辟为隔离区，严禁任何人员进入。为防止核电站内核原料和放射性物质再次发生泄漏，政府用钢筋混凝土掩体对发电站进行了封闭，这个混凝土外壳也就是大家俗称的"石棺"。

　　大量高辐射物质抛出并被大风四处吹散，乌克兰周边很多国家都受到了严重影响，最严重的有白俄罗斯、俄罗斯和保加利亚。几十万人遭到辐射，受到不同程度的影响，包括他们的后代。

　　两天后，也就是4月28日的晚上9点，苏联才迟迟发布了首条关于此事的消息。但塔斯社的报道中只是说"在切尔诺贝利核电站发生了不幸事件，核反应堆中的一个出现了事故"。整个报道没提事故发生的

第一章　惊悚记录

033

时间，也没提伤亡数字，更重要的是，对正在扩散的核灾难完全不置一词，仿佛根本不存在似的。

当晚 11 点钟，丹麦一家核研究机构宣布，他们检测到距离基辅约八十公里的切尔诺贝利地区发生过大规模核泄漏事故。消息在欧洲一家电视台播放后迅速在西方世界扩散，大家这时才知道苏联发生了巨大灾难。

聪明和警觉的人马上举家搬迁，能走多快就走多快，这些人幸运也躲过了死神，而大多数人都是不明真相的，被蒙在鼓里的居民们还不知道，他们呼吸的空气、喝的水、吃的食物都是有辐射的。

从 4 月 29 日起，瑞典、丹麦和一些欧洲国家都已经检测到有核尘埃侵入，美国总统里根也宣布，美国通过卫星照片确认切尔诺贝利地区发生了大规模核泄漏。面对国际舆论的强烈谴责，苏联领导人决定对切尔诺贝利的有关信息采取分类区别对待的政策。苏联公民和其他"兄弟社会主义国家"领导人将获知有关此事的最低程度的消息，而美国和西方国家则可以获知全部信息。苏联领导人在危机到来之后，选择了对西方的"先生们"说真话，却对自己的人民撒谎，简直太可笑了。

基辅市还在五一劳动节的时候举行了传统大游行，数万名儿童喊着口号从克里下吉克广场走过。当天市内空气中的核风速度从每小时 50 单位骤增到每小时 3 万单位，那些可怜的孩子根本不知道，他们吸进身体内的是核污染程度超标数百倍的空气。几天后，基辅市政府才发布通知，要求大家严关门窗，每小时清洗一次地板。

"现在回想起来，我们当初真是太傻了，我们选择相信政府，但政府却把我们当猴要。"舍瓦琴科说，"我们一家六口人，我的儿子半年后开始经常流鼻血，去医院检查，却告诉我们他很健康。很多人都被这样告知，原本有机会逃离这里的人，最后又被政府骗了回来。"

舍瓦琴科流着泪说："我的儿子两年后因白血病去世，我的妻子也在五年前死去，老父亲是八年后死的，全都是白血病。我现在得了两种癌症，医生说我根本活不过两年，我不知道是谁应该为我们一家人的灾难而负责！"

世界卫生组织的报告说，有九千多人因事故而死于癌症，但绿色和平组织却发表声明，说实际数字最少是这个数字的十倍。有两百六十多万乌克兰人受到核辐射，十余万人失去家园。白俄罗斯则有三分之一的国土被列为危险区域，而俄罗斯也不能幸免，有四千多个城镇被侵害。

这次核电站爆炸灾难释放出来的辐射剂量，比"二战"时美国投在日本广岛的那颗原子弹还要高四百倍。事故导致三十人当场死亡，上万人遭到放射性物质长期影响而致命或重病，一直到现在，当地还有受放射影响而导致的畸形儿出生。

事故发生已经二十多年，英超劲旅阿斯顿维拉队的前队长彼得罗夫在 2012 年 3 月宣布挂靴退役，原因是患上了急性白血病。担任保加利亚国家队队医长达二十年之久的米哈伊尔·伊利耶夫医生几年前在接受《太阳报》采访时表示，彼得罗夫很可能是在事故当年受到高强度辐射，或者是误食了被污染的食物，才导致其患上急性白血病的，虽然当时他只有 6 岁。彼得罗夫出生在保加利亚北部的蒙塔纳地区，离切尔诺贝利有一千多公里，这里成了当时受污染最严重的地区之一。

在二十八年后的今天，生态学家们惊奇地发现，在石棺周围的"死亡区"竟成了动植物天堂。这里生存着近三百种鸟类，繁茂的植被为野猪、鹿等动物提供了栖身之所。每年都会有很多难舍故土的人自愿回到隔离区生活，隔离区内现有七百多名居民，绝大多数都是退休者，他们觉得已经没有必要怕死了。

切尔诺贝利核事故无疑是人类灾难史上最黑暗的一幕，在白俄罗斯受灾最严重的戈梅利州，父母纷纷把儿女送往明斯克上大学或中专，希望他们毕业后再也别回家乡，最好能出国定居，因为他们已经不再相信政府。

现在的俄罗斯，谈到切尔诺贝利时，许多人都还心有余悸。

罪恶的"曼森家族"

　　这是一个什么样的家族，为什么会被称为"罪恶的曼森家族"？ 20世纪60年代，正值全球社会动荡的转型期，曼森家族在美国本土有着什么样的影响力？为什么他至今仍然没能判死刑，为什么有那么多人到现在还很崇拜他？

　　"作为一名罪犯，恐怕没有谁比查尔斯·曼森更受欢迎，他是罪犯兼摇滚歌星，甚至成了主流世界支持的对象。"加利福尼亚州大法官克丽丝在接受某次媒体采访时这样说。

　　一直以来，曼森都会时不时地在时装、绘画、音乐和电影电视舞台等场合出现，20世纪90年代初，有七十多支摇滚乐队都乐于表演曼森的各种歌曲，便是最有力的证明。

　　查尔斯·迈尔斯·曼森（Charles Milles Manson）是俄亥俄州的辛辛那提人，和美国著名大导演斯皮尔伯格同乡，他在20世纪60年代末在加利福尼亚州领导着一个臭名昭著的犯罪团伙——曼森家族。他的母亲凯瑟琳·马多克斯在16岁就未婚先孕，并在俄亥俄州的辛辛那提总医院生下了曼森。他出生后四个多月，他母亲嫁给了一名叫威廉·曼森的伐木工人，所以他被取名为查尔斯·曼森。他的亲生父亲似乎是一名叫"斯科特"的上校，在1937年，凯瑟琳·马多克斯曾经向这个人提出私生子诉讼，很有可能这个斯科特根本就不知道他还有个叫曼森的儿子。

曼森的母亲马多克斯是个女酒鬼，据曼森的舅舅透露，曼森母亲曾经为了能喝上一大罐啤酒，就将曼森卖给了一名没孩子的酒馆女服务员，要不是几天后曼森的舅舅把他赎回来，也许他的一生将会发生重大改变。

曼森的母亲并不是省油的灯，她曾经在1939年抢劫一家公路服务站而被判五年徒刑，曼森只好住在他舅舅家里，他妈妈三年后获得了假释，马上又将曼森从弟弟家带出来养在身边。他们住在一间破旧的酒店里，但据曼森回忆，那段日子却是他童年中唯一的幸福时刻。

后来他母亲想抛弃他，法庭把曼森判给在特雷霍特的一个寄养学校，但不到一年后，曼森就从学校逃出来找妈妈，而他母亲却拒绝了。曼森开始偷东西以换钱租房养活自己，此后他经常盗窃，在某次被抓后的例行测试中，测得曼森的智商为109，后来又测过一次，居然是超高的121，但他仍然不认识字，当时的社会工作者认为，曼森是个极度反社会的人。

接下来的六年中，曼森从彼德斯堡看守所到奇利科西看守所，从俄亥俄州偷到洛杉矶，又在印第安纳波利斯再度入狱被判五年，他似乎成了不犯罪就活不下去的人。

曼森再次得到了假释机会，之后他和一名才16岁的妓女相好，还有几名家境富裕的女子相继支持他。在1959年，他用伪造的国库支票骗了不少现金，在审判过程中，一名曾经因卖淫而入狱的年轻女人在法庭上含泪恳求法官，说她和曼森深深相爱，并且表示如果曼森能被释放，她将嫁给曼森。最后曼森真的得到了十年缓刑判决，当年的年底，那名女子还真的嫁给了曼森。

1966年，曼森因拐卖妇女而再次入狱，在1967年3月21日，他被宣布假释，但释放当天，他告诉当局称监狱已经成为他的家，想继续待下去，还在对电视台的采访中说了这个意思，从此他开始出名。

在旧金山，曼森又泡上了一个威斯康星大学毕业的23岁姑娘布鲁娜，她在伯克利一家大学当图书管理员，稍后曼森就搬去与她同居了。布鲁娜的房子很大，不久以后，曼森陆续带别的女人搬到这里，最后居然有了十八个。

曼森之所以能有这么多人追随，主要是他编造了一种在监狱里学到的科学论派哲学理论，所以他从来不缺乏年轻追随者，而且大部分都是女性。到了1968年11月，曼森在一个郊区组建了他的家族总部，自立为家族首领。曼森在这段时间用那些女成员的钱录制了不少唱片，大多是反种族言论的歌曲，但在美国却很受欢迎。

1969年8月9日晚上，好莱坞北面山谷中一名叫莎伦·泰特的女性正在家中聊天，她是著名电影导演罗曼·波兰斯基的妻子。那天波兰斯基正在欧洲拍电影，而已有八个多月身孕的莎伦找来几个朋友到家里聊天，可谁也没有想到，一场灾难就此降临到头上。

第二天早上，有人来到洛杉矶警察局报警，当警察赶到波兰斯基家中时，全都惊呆了。屋里的四个人都倒在血泊中，全部被乱刀刺死，最惨的一个人身上共有五十几处刀伤。而导演妻子莎伦则身中十六刀，连同肚子里的孩子死于失血过多，屋外面还有个青年被用枪打死在汽车驾驶座上。

警方仔细搜查了凶案现场，发现屋里几乎没丢任何东西，只是卧室门上有凶手用鲜血写的"PIG"英文，中文是猪的意思，经化验，那是用莎伦·泰特的血写成的。据同案犯沃特森回忆，当时的莎伦·泰特恳求他们放过自己，或者让她活到能生下孩子，甚至可以将自己当成人质，以保全还没出世的孩子。但沃特森还是残忍地捅了她十几刀，莎伦·泰特临死前还在叫着"妈妈……妈妈……"。

曼森在指使这些人行凶之前就告诉他们，得手后最好"弄一些能让人迷惑的标语"，于是同案犯、仅21岁的女子阿特金就用莎伦·泰特的血在房门上写了"PIG"的字样。杀完人后，罪犯们换下带血的衣服，将衣服和凶器一起埋在深山里。

只过了几个小时，警方又在离莎伦·泰特家几十公里外的一幢房子里发现另一起凶杀案，死者是一对姓拉比安卡的中年夫妇，他们共同经营着加州的一家大型超市连锁店。两人也是被乱刀刺死的，凶手甚至故意留下一把插在男主人咽喉处的餐刀。不过，凶手这次显然更加从容，他们用被害人的血在门上写了三行字："猪猡们去死吧"。

波兰斯基妻子被害的案子震惊了整个世界，四个月后，警方就锁定了"曼森家族"的一男三女并抓获归案。这四人开始都不承认，但警方出示大量证据后，这个号称"曼森女孩"的阿特金就全招了，但他们并不承认是曼森所指使的。

在接下来的两年内，曼森继续指使"曼森家族"中的其他女人犯下几十件案子，她们对曼森言听计从，甚至愿意付出几十万美元的身家，来供曼森出唱片和玩乐。在 1971 年 1 月 15 日，陪审团对"曼森家族"的四人宣布了二十七条罪行，其中包括曼森，他们终于将一直逍遥法外的曼森抓了起来。在审判中，曼森剃了大个光头，他对媒体表示："我是罪犯，而罪犯一般都得被剃成光头吧。"

在这次姗姗来迟的认罪中，曼森的追随者们只承认了曼森是她们的领导，而且她们执意也都要剃成光头，直到陪审团表示将重新考虑死刑的判决。曼森的这些女追随者想让曼森免罪，但这种努力最后以失败而告终。1971 年 3 月 29 日，陪审团对四名被告做出裁决，决定判处死刑。

在 1971 年的审判之后，曼森被指控杀害了包括莎伦·泰特在内的数人，其中有农场的特技表演者和牧马人，有活跃在政坛的黑人种族领袖，还有莎伦·泰特一案的几名知情者。曼森虽然入狱，但"曼森家族"仍然在活动中，甚至试图刺杀美国总统福特。

20 世纪 80 年代，在狱中的曼森共接受过四次非常著名的采访，采访者有美国国际广播公司、CBS 新闻观察、著名记者格拉多等人。格拉多的那次访谈甚至还在 1987 年艾美奖上赢得了"最佳访谈录"的称号。那时的曼森在前额用刀刻了纳粹党的十字标志，这在当时也引起了不小的轰动。

到了 1989 年，著名新闻人物尼古拉斯瑞克又采访了曼森，并将材料整理后放进他的纪录片《巨星查尔斯·曼森》当中，这是公认的最权威、最全面的关于曼森的纪录片。

在监狱里的曼森也并不安宁，他曾经被另一个囚犯在身上泼了很多油漆稀释剂，还被点燃，这差点把他给烧死。而曼森的追随者们也没闲着，很多女性以各种方式想要营救曼森，比如抢劫商店以用来买枪等行为。在 1996 年，他的追随者还创建了"曼森家族"的正式网站，点击率相当高，但在 2001 年被美国政府关闭。

2007 年 9 月 5 日，微软国家广播公司播出了新闻纪录片《Mind of Manson》，这是 1987 年加州圣昆丁监狱对曼森进行采访的完整版本。影片中的曼森傲慢、狂妄，完全不把任何人放在眼里，此外，探索频道节目也采访过曼森，他俨然成了罪犯中的明星。虽然他的一生几乎都在蹲监狱，但他的名气之大、影响之深是常人不能想象的，野人般的长发、浓密的胡子是曼森的典型标志，在监狱里，他每天收到的电子邮件比电影明星还多。

转眼间到了 2009 年 3 月，加州监狱的官员向公众公布了已经 74 岁的曼森照片，年轻时的曼森非常英俊，但 74 岁的曼森头发稀少，胡子和头发也灰白了，但前额上的纳粹十字记号文身仍然显眼。

曼森影响了很多人——音乐家的取名、电影电视剧的改编、歌星演唱的曲目、网站申请者的地址。如今他仍然在加州科克兰监狱服刑，并且会老死在监狱里，但每到曼森生日那天，他的追随者们都会聚集在监狱门口为他庆祝生日。曼森的名字，就像一只无形魔爪，牢牢控制着那些追随者的心灵。

第二章　宇宙之谜

　　月球上惊现"二战"时期的轰炸机，而耶稣像居然悬浮在几百亿光年之外的太空中！大家都没见过外星人，他们到底存在吗？我们一直认为月球是颗行星，而真相会让你害怕。恐怖的黑洞到底有多么恐怖？宇宙有边吗，边的外面又是什么样的？反物质和真正的物质有什么区别？电影中的回到过去和未来，究竟能不能实现？

月球上的轰炸机

第二次世界大战时期的盟军轰炸机，为什么会突然停在月球表面？是太空宇航员看花了眼，还是时空扭曲，难道它会飞出地球，直奔月球吗？或者干脆是外星人干的？这次事件为什么会被政府封锁消息，到底又有什么样的用意？

1987 年 3 月，由苏联发射的人造月球卫星"月球一号"按惯例向地球发回本周的太空照片，共有一百余张。设在莫斯科的苏联航空航天局专门有很多人来负责接收每个卫星发回的照片资料，其中负责"月球一号"资料的第十六小组工作人员在清晨刚上班的时候，习惯性地打开控制台，自动连接的打印机已经把从卫星发出的信号转换成图像，并打印在纸上送出来。

这些图片的内容基本都是卫星自动拍摄的月球表面图片，用来对月球的气候进行研究。工作人员从打印机中拿出一沓打印好的图片，习惯性地随便翻了翻，刚要装在档案袋里上交给组长，忽然他愣住了，手中一张图片上显示的东西很眼熟，他还以为自己看错了，用力揉了揉眼睛，照片上清楚地显示，在月球那布满环形坑的表面，静静地停着一架"二战"时期的轰炸机！

工作人员张大了嘴说不出话，连忙找来组长，组长看后也不敢怠慢，直接以绝密文件级别上报给副局长柳米琴科。柳米琴科立刻交给局长，局长下令开会研究，图片上的这架飞机是英国的汉普顿52型轰炸机，在机身和机翼上都有明显的英国空军标志。机身很多地方已经被陨石撞坏，但机体还算完整，机身上布满了青苔，就静静地停在月球表面的某个火山口上。

在排除了恶作剧因素后，局长立刻命令控制台向"月球一号"卫星发出指令，在下次经过同一位置时继续拍摄图片以验证。以后卫星每次经过同一角度时，都又拍摄回大量照片，那架飞机仍然静静地停留着。

"会不会是美国人搞的登月试验？"柳米琴科问局长。

局长摇摇头："不太可能，美国人如果再次搞了登月试验，不可能完全把别国瞒住。"

这件事成为苏联航空航天局的头号机密，可冷战期间的美国间谍无孔不入，他们只用了几天就拿到了图片的第二份打印件。正当两国科学家们都在紧锣密鼓地展开研究时，1988年7月22日，负责观察的第十六小组工作人员报告说："那架轰炸机突然失踪了，在原来的位置并没有发现它的影子！"

消息令全局上下一片哗然，在接下来对月球表面的图片传送检查中，再也没有在月球表面的任何位置看到这架飞机。

轰炸机的突然出现，又忽然间消失得无影无踪，引起了苏联科学家们的种种猜测。苏联专家中有人怀疑那颗人造卫星拍到的照片上根本没有轰炸机，但把照片拿过来重新看，它明明清清楚楚呈现在人们面前，可它现在又在哪里？

苏联首席航天专家斯坦诺夫·麦杰维耶夫博士二十年后在接受采访时，说道："我记得很清楚，我们在1985年发射到月球的那颗人造卫星叫月球一号，它在太空拍摄发回来的那批照片显示，那架属于英国空军的"二战"重型轰炸机就停放在月球的一个火山口附近。它的表面虽然有一部分被太空坠落的陨石给砸坏，但大部分机身仍然是完整的。"

他又对记者补充说："那架飞机的机翼和机身上的英国空军标志，在经过放大后都很清晰，而且照片还显示出那架飞机表面布满了绿色物体——就像是刚从海底打捞出来似的，机身长满了青苔。"

"我们完全弄不明白这是怎么回事，但我们也相信，美国方面和我们一样，根本无法解释这件事。"麦杰维耶夫博士笑着说，"我们最后只能推测这架飞机是被外星人劫持的，再把它送到了月球上暂做停留。外星人以为地球人看不到它，可我们看到了。但飞机是怎么被带过去的，没人能知道。"

对于这组苏联卫星照片，美国官方一直拒绝做出任何评论。NASA的某位官员指出，在月球上发现"二战"飞机完全是"无稽之谈"。但麦杰维耶夫博士却坚称，那些卫星拍回来的高密度照片完全真实，美国政府和军方只会隐藏真相。

这件事在美国政府逐渐公开的绝密文件中被大众所熟知，无独有偶，在20世纪90年代中期，还发生过一件类似的事件。

据美国《世界新闻周刊》1995年9月第三期披露，在1995年2月初，美国天文学家克芬德·路丁公布了他的惊人发现。

他在用电子天文望远镜对火星进行观察时突然在视野内看到了四架"二战"时期失踪的美国"格鲁门"式轰炸机，它们正在火星附近的太空中静静地编队飞行！

此事一经发布，立刻引起社会公众的议论，但美国官方拒绝做出评论。瑞典权威科学家威尔海姆·格莱德博士说："路丁博士在火星附近看到的那几架飞机，我想应该与苏联在月球表面发现的飞机是有联系的，可能也与其失踪地点'魔鬼三角'有着分不开的关系。"

这件事还要把历史之页翻回到五十二年前。那是第二次世界大战刚刚平息的 1945 年 12 月 5 日，带着"二战"硝烟的美国海军航空兵第十九轰炸机大队的五架"格鲁门"式轰炸机从佛罗里达州的芬德代尔堡基地开始起飞，前往大西洋海上巡航。

这天的天气非常好，大西洋上空没有任何能影响到飞行的气候异常。可当飞机进入由百慕大、波多黎各和迈阿密三点构成的三角地带，也就是著名的"百慕大魔鬼三角"海域时，却突然和总部失去联系，同时也在雷达屏幕上消失得无影无踪。

在失踪前，这五架飞机没有发出任何遇险或求救信号，在失踪后也没有留下任何失事痕迹。他们和空军基地中断联系的时间是下午 5 点钟，最诡异的是，被立刻派往该海域进行搜寻救援的马丁水手式巨型水上飞机不但没找到目标，连自己也没能再飞回来。直到失踪的两小时后，芬德代尔堡空军基地却意外收到一个不知从何处发来的微弱、反复的无线电专用呼救信号："FT……FT……"。

按照时间来推算，这时那五架飞机的燃油早就应该耗尽了，而这个求救信号又没有报出方位和坐标，搜寻救援根本无从下手，没办法，这五架飞机连同水上飞机就只能被当成"遇难"处理，而永远从军籍名册上被抹掉。

转眼间事件已经过去了五十多年，美国空军基地的人也换了一批又一批，很多人都把这件事给忘记了。可万万没想到，在五十二年后的今天，那五架飞机竟然出现在遥远的火星附近，四十亿公里以外的太空中！

克芬德·路丁博士说："我在用由计算机控制的电子天文望远镜观察火星时，意外地看到已失踪多年的那五架'格鲁门'复仇式轰炸机中的四架，在距火星表面只有几公里远的太空中正在做编队飞行。它们排列得很整齐，就像平时在地球上执行任务那样。从这些飞机进入到计算机自动跟踪系统中，直到它们飞出系统以外的时间来推算，那四架飞机的飞行时速竟然达到了难以置信的四万公里！"

观看过望远镜自动录像画面的美国空军芬德代尔堡基地中校皮特说："那四架飞机是以紧凑的编队形式飞行，而且飞行状态良好，明显是有人在操纵着它们。并且我们还能清楚地看到机上的美国军徽标志，所以我们认定这四架飞机就是 1945 年在"魔鬼三角"海域失踪的飞机。"

　　对于路丁博士发现的这一事实，科学界有很多人都怀疑他是"凭空编造"出来的，但路丁博士却坚定地说："我知道肯定会有障碍和批评，但这丝毫没有困扰到我，因为我很清楚自己看到了什么。最遗憾的是，我不知道它们是怎样从地球进入太空的，它们在太空中又在做什么、飞往哪里去。"

宇宙中有外星文明吗?

在冰冷而又遥远的外太空，距离地球几十甚至几百亿光年的地方，人类对那里的了解几乎为零。光银河系中就有几千亿颗恒星，而我们却从没正式见到过外星人或飞碟，他们真的不存在吗，还是因为地球的落后而不愿和我们正面联系?

这是个神奇的命题，无数人声称看到过，听到过甚至接触过，但至今没有一个正式的、被广泛承认的案例。著名大物理学家费米在 20 世纪 50 年代和别人讨论飞碟和外星人问题时，突然说了句："假如真有外星人或地外高级文明，可他们都在哪儿? 为什么他们从不来和我们正面接触?"这个问题就是著名的"费米悖论"。

太空智慧搜索组织（SETI）用了四十多年不停地向外太空发射信号，但至今连半个外星人的信号也没找到，假如银河系有这么多高级文明，可他们却都不发出信号来和我们交流，这似乎难以理解。

他们都去哪里了? 就算是按照保守估计，假如银河系中只有几个或几十个外星高级文明，他们也能够一直存在而不消亡，那么 SETI 也应该能找到他们的通信信号，外星人也能来和我们进行接触，但这一切都没发生过。

很多人坚信外星生命是存在的，毕竟宇宙无边无际，既然地球能拥有生命，为什么其他星球不会产生文明呢? 银河系共有两千多亿颗和太阳一样的恒星，就算十颗恒星中只有一个拥有环绕的行星，那银河系中也应该有两百多亿个地球的亲戚，就算和太阳系一样，九大行星中只有一个地球有高等智慧，也应该有十几万颗行星适宜生命的发展。可这些地外文明为什么从不试图联络其他星球的文明呢？

美国著名飞碟研究专家维汉博士最近披露了当局保密多年的绝密档案，"其实外星人已经来访地球很多次了，但有些宇宙飞船在地球上失事，坠落在偏僻的地区，再加上当地政府通常采用掩盖真相的方式，因此老百姓是不了解的。"他说，"美国就有几万份类似的档案记录，在这些档案中，我们知道最近几十年至少有两艘外来的宇宙飞船失事在美国境内。美国政府不承认有这些事，但那些相关的退职军官都能做证，他们都亲眼目睹过外星人的尸体。"

维汉还说："我们还得到了一些由美国海军拍摄的外星人尸体照片，这些照片的底版在摄影实验室用科学方法检验之后证实，并不是赝品，而且年代也对，也没有涂改的情况，它们都是真的。"

其实早在几千年前的古代，诚实的古人就已经把他们遭遇外星文明的事情老老实实地给记录下来了。最著名的就是中国古代半坡氏族的那个"人面鱼纹盆"了，是在1955年被发现于西安半坡遗址的，上面绘有对称的两个人形和两条鱼。那两个人的形象，完全是超出当时的文明程度，看上去活脱脱就是一个宇航员的头像。

而绘于七千年前的贺兰山南端宁夏冲沟东氏族岩画上，两个旋转的飞碟赫然岩上，飞碟的开口处还有身穿"宇航服"的人走出来，而地面的动物和人惊恐跑散，这极有可能就是当时外星人在贺兰山一带降落的生动写照。也许那时候的外星人知道地球人类文明还很低级，所以才敢于正面"撞脸"吧！

中国古籍《宋史·五行志》中记载：在宋朝乾道六年，西安官塘突然有一个鸡首人身的怪物，身高约有一丈多，大白天就从空中降落在田野上行走，还想与百姓交谈，但把人都给吓跑了。历史学家们认为，那极有可能就是一个戴着鸡冠形头盔的外星人。

"航天员"这个名字首次出现是在 1969 年 7 月 16 日，那是美国发射登月火箭的日期。可奇怪的是，在一千多年前的西班牙萨拉曼卡市大教堂上，居然早就出现了航天员形象的浮雕。那座教堂名叫伊诺尼马斯大教堂，修建于 1102 年，距 1969 年足有八百多年，在教堂外雕刻着大量神话动物和圣徒等浮雕，非常精美，而其中就有一名被绳带缠绕的航天员形象，头盔、宇航服和鞋子完全符合，这个图案让人们有了无限遐想：难道航天员能够穿越时空隧道吗？

而在保加利亚多布尔斯柯村的一座古代教堂里，大门左侧众多圣像中有一尊大家熟悉的耶稣全身像，但这尊耶稣像居然是坐在宇宙飞船里。无独有偶，在南美洲发现的那幅著名的玛雅壁画中，一个头发长长的女人坐在座椅中，身体前倾，面前有很多操纵杆，好像在开动一艘飞行器，这又如何解释？

全世界有很多例外星人的目击报告，一般常见的外星人形象都是身高在一米三到一米五，基本没有超过人类平均身高的，有点像地球上还没发育成熟的少年。他们的脑袋都特别大，眼睛也特别大，就像戴了风镜似的。大多数都没有眉毛和上眼皮，因为戴了面具，很多外星人都看不到眼珠。他们好像没有鼻子，但留有鼻孔，而且全身无毛，头上也没有头发。他们臂长过膝，手也能分出五指，但有些像鸭蹼。很多外星人是穿着太空服的，有银色和灰白色，看不见拉链或者扣子，好像是自动穿在身上似的。他们从不开口讲话，但却会用读心术之类的能力与人类沟通。

巴拿马著名心理学家兼精神病医生拉玛迪·埃奎拉也是 UFO 研究专家，同时他还是"巴拿马太空现象研究中心"的主席。埃奎拉博士曾经在墨西哥国家电视台的节目上手持一具外星人遗骸，对着观众讲述了发现经过：

那是在 1997 年 3 月，一个小男孩在距离首都巴拿马市七十多英里外的圣卡洛村附近海滩上发现了这具尸体，尸体外面包裹着衣服。"小男孩开始捡到的时候，还以为是个人形玩具，就拿着它四处玩耍，后来被叔叔贾西亚医生看到，觉得外形很奇怪，仔细一看竟然是人体，于是赶紧送到巴拿马大学医学院检验，最后证实是外星人无误。"贾西亚在电视上说，"那具外星人尸体开始的时候身体还是柔软的，但不久后就僵硬了，显然是刚死不久。可惜那名小男孩不懂，把尸体的衣物给抛弃了，现在也没找到，失去了珍贵线索。"

"我们在解剖研究时发现，他的脊椎骨和人类几乎相同，但颈部脊椎骨特别大，直径也很宽，这说明他有着发达的神经系统。他也可能有高度智慧，因为他的头部比例比人类要大得多。可奇怪的是，胸腔内没有一根肋骨，只有一块平平的胸骨。"埃奎拉博士说道，"这个外星人和人类完全不一样，我们推断它可能是外星人中的婴儿。可他是怎么出现在巴拿马海滩的呢？难道是外星人在地球生出来的，或者是个弃婴吧？总之那是个无法解答的谜，但我相信这是人类科学上最大的发现之一。"

这档节目震惊了全世界，但奇怪的是，随后墨西哥官方封锁了一切消息，电视台的这档节目拷贝被全部收走，任何人也无法看到节目的重放内容，包括电视台的台长。而有关人员也被下了封口令，包括埃奎拉和那个捡到外星人的小男孩。

各国政府和军方对有关外星人的一切事情都采取了封锁措施，这也使得民众长期信息不对称，对地外文明持怀疑态度的人越来越多，慢慢把是否有外星人这个话题变成了伪命题。中国著名科幻小说家刘慈欣曾经提出过"黑暗森林"法则，他认为："外星文明不会轻易与其他星球的文明正面接触，就像在黑暗的森林中，猎人和动物都能感觉到对方的存在，但他们不会大声喊，因为这样有可能给自己带来危险。"

我们坚信，只相信地球是宇宙唯一存在高度智慧的星球，是故步自封的和愚蠢的，就像几千年前人类认为地球是宇宙中心、几百年前人类认为地球是平的一样。

月球的真相

这个陪伴了地球几十亿年的星球，真的只是一颗行星那么简单？人类对它的了解到底有多少，为什么它始终只有相同的一面对着地球，为什么在它的背面有那么多诡异传闻？它真的是外星人用来监视地球的工具？在它身上到底有多少隐藏着的谜团和惊天秘密？

月球是地球的卫星，这一点大家都知道，但随着人类科学文明的不断发展，人们对月球这个千百年来从未怀疑过的星球，也开始产生了种种质疑。

最初在中国远古神话传说中，月球是美丽的仙境，有嫦娥、月宫和兔子，到处都是亭台楼阁，但随着人造月球卫星拍摄传回的画面显示，月球只是一颗光秃秃的、没有大气层和空气，也完全没有任何生物的死星球。人们开始失望，但也慢慢接受了，不过对月球的研究从未停止过，而在研究过程中发生的种种诡异现象，又让人们对它产生了疑问。

月球到地球的距离是三十八万公里，而太阳离地球有一亿五千万公里，于是能得出太阳到地球的距离是月球到地球的 395 倍。太阳的直径是一百三十八万公里，月球的直径是三千四百公里，于是得出太阳的直径是月球的 395 倍。

多么惊人的巧合？也许有人会说这种巧合没有意义，当然不是，太阳的直径是月球的 395 倍，而太阳却距离地球有 395 倍远，距离刚好抵消了大小，这两个天体在地球上看起来就完全相同！

这是自然的巧合还是人为，宇宙中会有这么巧的天体吗？著名科幻小说家阿西莫夫曾经说过这样的话："不管用哪种资料和法则来衡量，月球都不应该出现在那个位置。"

阿西莫夫的话确实有道理，月球正好大到能造成日全食，却又仍然能让人们看到日冕，这在天文学上实在找不到什么理由来解释，果真是巧合中的巧合？

科学家们当然并不这么认为，科学家威廉谢尔顿在《赢得月亮》书中说："要让飞行器在地球的轨道上运行，必须以每小时一万八千英里的速度在一百英里高的太空中飞行，才能达到平衡点。同样的道理，月球要留在现有的地月轨道上，要和地球的引力达到平衡点，也得有精确的速度、重量和高度才行。虽然所有的行星卫星都能达到这种平衡，但问题是那些天体的卫星体积都非常小，而月球与地球的体积相比，它就大得多了，这是很难想象的。"

"按照天体运行理论，像月球这么大的天体，在和地球离得这么近的情况下，肯定是一头撞在地球上，而不是像现在这样成为地球的天然卫星，这很奇怪。"威廉谢尔顿说。

月球永远以相同的一面对着地球，这也是长年来科学家们研究的课题之一。只有太空船飞到它的背面，人类才能看到那里有什么。天文学家们一直认为，月球的背面应当和它的正面差不多，也有很多陨石坑和熔岩海。可从太空中发回的照片却很奇怪，月球背面竟然非常崎岖不平，山脉遍布，只有极少的熔岩海。

这又是为什么呢？科学家们无法解释，因为按常理，月球是一颗自然形成的星体，它的任何一面，受到太空陨石撞击的概率应该也是一样的，可为什么会有内外之分？而月球自转一周的时间，也与它绕地球公转的时间完全相同，这也太诡异了吧！有人解释说这是向心力原理造成的，可为什么我们在太空中找不出第二个例子？

美国人在 1966 年 11 月 20 日发射了"月球轨道环行器"2 号，当它成功降落在月球表面时，震度计记录下了长达 15 分钟的震动回声。这也让科学家们感到害怕，因为普通星体只能发出 3 分钟左右的回声，除非月球是空心的。

基于这个现象，俄国科学家柴巴可夫和米凯辛首先提出了令人震惊的"太空船月球"理论，用来解释月球起源。他们觉得月球根本不是地球的什么自然卫星，而是一颗由某种高度智慧生物制造出来的星体。月球内部有很多实验资料和设备，最后被外星人有意地置放在地球轨道。这一点并不是空穴来风，细心的人会发现，人类对月球的所有描述，都是从公元前两千年开始的，也就是四千年前。而在公元前两千年之前，却没有任何对月球的记载。古阿兹台克人曾经用结绳文记载过这样一段描述："巨大的太空船盖住了整个天空，然后它慢慢升起，越升越高，也越来越小，直到几年后才停止，这时的太空船只有太阳那么大，而且只在夜晚出现。"

这段描述令人震惊，它明显能说明，当时外星人将月球这个太空船首次放置在地球轨道上，并逐渐调整位置的全部过程。当然，这个说法被科学界嗤之以鼻，因为人类还没能找到外星人。

1968 年 12 月，美国人发射了"阿波罗 8 号"飞船，用来探测月球背面的信息。指令长弗拉克·鲍曼和两名助手在飞船来到月球背面上空时用肉眼观察，惊奇地发现有飞碟正在月球表面降落！弗拉克立刻拍下照片发回，美国列为高度机密，但在 20 世纪 80 年代因为疏忽而公之于众。照片是在飞船距离月球背面一百公里处用望远镜头拍摄的。从照片上能清楚地看到，有个巨大的碟形飞行器正在朝月面降落，飞行器上的舷窗都清晰可见。而在飞碟即将着陆的月球表面上，也有类似起重机吊臂般的东西，吊臂下面还有一排纺锤形物体，它们等距排列，很像地球上机场跑道两旁的标志塔。

这组照片的公布，不仅能证明月球背面确实有飞碟基地，同时也证实了月球背面建有外星城市，这完全印证了瑞典科学杂志报道的苏联在1964年发射的"月球9号"宇宙飞船就已在月球背面拍摄到的内容，那也是一个飞碟基地，还有形状奇特的高大建筑物。苏联科学家伊凡桑托森说："那些照片中类似机场跑道标志塔的建筑物，应该就是引导宇宙飞船起降或者将飞船引向月球内部的标志。"

到了1969年，美国"阿波罗11号"宇宙飞船首次登月成功，阿姆斯特朗在迈上月球表面的时候，对休斯敦基地说："很奇怪，我为什么在月球上看不到太空中有任何星星？"

他说的话让休斯敦基地的科学家们也都震惊，因为这也不合常理。在地球上我们能看到大量星星，月球没有大气层，看到的星星应该更多更亮才对！不仅如此，阿姆斯特朗在月球表面例行行走时，还发现了二十三个人类脚印，而且还是赤脚的。他连忙用照相机拍摄了下来。

在过去的四十多年中，美国当局对此一直高度保密。到了最近两年，在很多飞碟研究人员的强烈要求下，NASA才公开了这个秘密。2011年5月，美国天体物理学家康姆庞对美国新闻媒体说："在月球上发现有人类的赤脚脚印令人震惊，这足以说明有人已经抢在美国前面登上月球，而且不用穿任何宇航服。"

康姆庞还说道："据当年的档案内容，当时的宇航员说这些脚印绝对是属于人类的，而且留下的时间不会太久。"常识告诉我们，地球人不可能赤着脚登上月球，不但呼吸是个大问题，最主要的是太空中没有空气，而人自身是有压力的，是为了抵抗空气的气压。如果人不穿宇航服就进入太空，用不了几秒钟，肺部就会爆炸。

登月舱返回地球之后，美国军方立即把此事列为最高机密，并且命令阿姆斯特朗等人不得将在月球上看到的一切透露出去。回来后的几名宇航员立即患上了忧郁症，并且开始接受心理治疗。尤其是阿姆斯特朗，他一直对 NASA 很不理解，认为政府不该欺骗全世界。

　　"阿波罗 11 号"从月球上带回的岩石样本表明，岩石中有明显的水成分，而且很多岩石中的金属元素都是地球上所没有的，岩石的年代也已经超过两百亿年，而地球的年龄也不过几十亿年，之前我们认为月球是从地球分出去的，它的年代只能比地球近，而且岩石的成分也应该和地球差不多，这又怎么解释呢？

　　随着人类文明科技的进步，相信我们对月球的了解也会越来越多，也许有一天，科学家能彻底揭开月球的真面目，也许到了那个时候，外星人才会和地球人正面接触吧！

火星人

　　它曾经是地球人最害怕的科幻角色，也是地球人最担心的星球，为什么是火星而不是木星和土星？火星上到底有没有传说中的高智慧生物，他们会不会入侵地球，杀光人类？那么多科幻小说和电影中的情节是真的吗？

　　1938年10月30日，正是西方万圣节的前一天，纽约出租司机卢布林正在拉活，无聊的计程车工作让他们这些出租司机养成了听广播打发时间的习惯。卢布林也不例外，他慢慢地在街道上开着车，一边打开收音机听新闻。

　　这天的新闻很无聊，都是关于政客、自由团体和"一战"后的乱事。卢布林听的并不是新闻内容，而只是为了能发出些声音，好让自己显得不那么无聊。

　　通常情况下，新闻在每播出十分钟后都会有两分钟音乐，起调剂作用。可这次的音乐还没播完就中断了，突然被一则"突发新闻"取代："各位听众，这里是哥伦比亚广播公司，我是记者约翰·麦克兰，现在我们是在新泽西附近的一个农场为您进行现场播报。这里还有从华盛顿来的天文学家威尔斯教授，让我们听听他的话。"

卢布林很奇怪，这算什么没头没脑的突发新闻？紧接着，广播中的另一个人说话了："我是威尔斯，两天前我就开始观察到，在火星表面上有数十个明显的由爆炸所产生的白色炽热气团，而且这些气团正以难以置信的速度朝地球飞来。今天它们已经飞临到地球的上空，现在我们也能很清楚地在天空中看到它们，你看那里！"

记者的声音有些惊惶："确实有……有一个拖着尾巴的气团，威尔斯教授，它们越来越近了，到底是什么东西？"

还没等教授回答，记者又说："那个气团已经变成了一个，巨大的燃烧物体，它砸下来了，迅速很快……哦，它落在农场里了，让我们过去看看！"

随着一阵杂乱的脚步声，记者边跑边说："就在那里，那是什么？好像是一艘飞行器？"

教授喘着气说："应该是一艘太空船，它动了，舱门正在打开！"

记者惊叫道："是的，舱门打开了，我的天，有个东西正在爬出那艘太空船！那是个人吗？他身上闪着光泽，就像湿漉漉的皮毛发出的光泽……我的天啊，他的脸……简、简直难以形容！"

出租车内的卢布林越听越疑惑，这是怎么回事，难道从火星上来了火星人？

广播中的记者还在说："他朝我们走过来了，手里还拿着东西，那是武器吗？我的天，教授我们是不是应该快跑？我可不想死！"

到这里广播中断了，音乐继续播放，半分钟后的新闻播音员清了清嗓子，说："对不起，刚才插播的是一则现场报道，但好像中断了，好吧，下面让我继续为大家播送新闻。"卢布林无心开出租车了，他连忙掉头回到家中，家里已经乱成一团，他的妻子正在收拾衣服，装了满满的几大箱子。而邻居们也没闲着，大家都像是要逃难似的。

"卢布林，我们快跑吧，你没听广播吗？火星人入侵了新泽西！他们会把地球人全都杀死!"他的妻子边收拾衣服边大声道,三个孩子在旁边吓得直哭,完全不知道发生了什么事。卢布林也害怕了,一家五口人惊惶地乘出租车连夜离开纽约。

成千上万听到广播的人都深信,他们正在面临来自火星的攻击,大家惊恐万分,都向报社、电台和警察局打电话问该怎么办、怎样预防外星人的袭击,这些地方的电话都被打爆。到了第二天,这个节目成了美国各大报纸的头版新闻,甚至把希特勒也挤走了。很多新闻的标题如下:"电台制造战争惊动全国""电台正式宣布火星人开始进攻地球""全美大恐慌!"。

这则新闻给美国人带来的影响是巨大的,《纽约时报》在头版报道中描述了很多听众的恐慌:"那些极度恐慌的听众纷纷跑出房间,在街上惊慌失措地乱跑,还有的人藏在地下室里,手中拿着装满子弹的枪,作为用来抵抗火星人的武器。"

在纽约的某个街区,三十多个家庭的人冲出房门,他们用湿毛巾把脸捂住,以防止吸入火星人在地球施放的"毒气"。几周后,美国普林斯顿大学进行了一项调查,全美有一百七十多万人都相信这个节目是真实的新闻广播,有一百二十多万人产生严重恐慌。

当然,这只是一则广播剧,是哥伦比亚广播公司根据英国科幻小说家 H·G·威尔斯的科幻小说《星际战争》而改编成的广播剧《火星人入侵地球》。但广播剧中首次运用了极为逼真的音响效果,被一个叫水银剧团的广播团体搞得绘声绘色、半真半假。

其实这则广播剧在播出的开头和结尾都有声明,说这只是一个由科幻小说改编而来的故事而已,而且在演播过程中,哥伦比亚广播公司还插入了四次声明。可谁也没想到,这个节目仍然对美国听众产生了如此巨大的影响!

这个闹剧的始作俑者奥森·威尔斯只有 23 岁,他受到了多方面的谴责，以至于不得不通过新闻媒体向全国公众道歉。"我们再也不会这样做了。"奥森·威尔斯说，"其实我们想的是，人们在听到这样荒诞和不可思议的所谓新闻之后，肯定只会感到无聊，但没想到有人居然会当真。"

为什么《火星人入侵地球》这种荒诞的虚构广播剧会在美国公众中引起巨大恐惧？除了战争因素之外，20世纪的早期也是科幻小说最流行的时代，人类充满对宇宙的探索和渴望，经过几十年的"预热"，外星人早就走进人们的大脑。

这次事件成了美国新闻史上最有名的恶作剧，但它也点燃了人类对"外星人"那种五味杂陈的兴趣。H·G·威尔斯在他出版的那本《星际战争》中，仔细地描述了火星人的模样："他们顶着大头，长着像章鱼似的脚爪。他们开始入侵地球，就是为了寻找下一个有丰富资源、水和空气的新星球。"

不光是这本小说，很多科幻小说都喜欢把地球的假想敌设置为火星人，而不是木星人金星人什么的。这是为什么？有多少人都想亲眼看看科幻小说中的火星人啊！可惜永远也见不到，因为现代人类的太空探测证明，火星上根本没有任何生命。

火星与地球有很多相似之处，千百年来，人们一直希望火星和地球一样，也孕育着大量丰富的生命。再加上所谓火星"运河"的发现，更让人相信这些运河就是"火星人"挖的。从1960年至1980年间，美苏两国先后二十多次进行了探测火星的活动，其中苏联的"火星2号""火星3号"和美国的"水手9号"探测器分别在1971年成功地进入火星运行轨道，成为火星的人造卫星。到了1976年7月，美国发射的"海盗7号"和"海盗2号"飞船顺利在火星着陆。从它们发回的珍贵资料中，人们终于能看到火星真面目了。

根据这些探测器对火星的考察，人们发现火星是个荒芜的世界，它遍地布满了岩石，没有河流，甚至也没有液态水。在火星表面有很多干河床，这只是自然作用的产品，与人工运河无关。但科学家们在一块来自火星的陨石中发现有微生物遗迹，如果这块陨石确实含有微生物，那么至少可以说明火星上曾经有过生命，但科学家也指出，这些微生物的遗迹很可能来自地球。

火星是个典型的不毛之地，它的表层干燥、荒凉、寂寞又寒冷，遍地都是沙丘、岩石和火山口。它的最高峰足有珠穆朗玛峰的三倍多，它的峡谷也比地球最大峡谷更深。使火星成为宇宙奇观的火红色，是因为布满火星表面的尘埃粒不停地随风飘荡，在空中形成一个高达四十多公里的尘埃层，再反射了太阳光的结果。

不仅如此，20世纪70年代以来的太阳系空间探测结果都证明：月球、水星、金星、木星、土星、天王星、海王星和冥王星上都没有生命，太阳系里只有美丽的地球具有生命存在的天然条件。

现在，人们已经不再相信火星上有高科技文明和人类，但这并不能证明宇宙中没有外星人，也许火星上曾经有过人类，但随着气候恶化，他们已经整体搬迁到另外一个更适合居住的星球了呢！

宇宙的边界和中心

自从人类发现地球不是平的、地球也不是宇宙的中心、太阳也不是宇宙的中心之后，就多了这个问题：宇宙到底有多大，有没有边缘？边缘的"外面"又是什么？这个问题困扰着一代又一代的科学家和学者，每个人的解释都不能让人信服。到底谁说得对？宇宙的边界到底是什么样的，它又以什么形式存在？

古时候的中国，人们对大地的理解是，一个巨大的平板，四角被四只巨大的乌龟托着，最上面还有一只老鹰叼起来。而外国人的理解也差不多，只是乌龟换成了巨兽，老鹰变成了天使。

直到亚里士多德从月亮的弧形缺口推断出地球是圆形这一概念，但基本没人信，所有人都觉得我们站的地方是平的，怎么可能是个圆形？但在两千两百多年前，古希腊的大天文学家埃拉托斯特尼就用更科学的方法证明了地球是圆的，而且还根据正午射向地球的太阳光和两个观测地点的距离，首次算出地球的周长。

二百六十多年前，德国著名大哲学家康德提出了太阳系存在的假说，这位哲学家同时也是天文学家，他的假说在拉普拉斯出书之后才被证实。人类的眼光越来越远，从开始接受地球是圆的，到接受地球不是宇宙的中心，最后知道太阳居然也不是宇宙中心。

又过了三十年，天文学家赫歇尔用一种叫"恒星计数法"的方法提出了银河系这一概念，但他认为太阳处在银河系的中心。一百三十年后，沙普利用更科学的方法得出结论，说太阳系并不是银河系的中心。但人们又发现，银河系这个拥有一千两百多亿颗恒星的庞然大物，竟然也不是宇宙的中心！

科学家们继续寻找宇宙的中心，他们陆续发现，银河系是处于一个叫"本星系群"的更大家伙之内，这个大家伙是由五十多个和银河系差不多的星系组成。可这个本星系群又属于室女座超星系团，而室女座超星系团也不是宇宙中心……

人们越来越恐惧，是对未知空间的那种无知的恐惧，没有人知道，这个我们称为宇宙的东西到底有多大。在科学如此发达的现在，人们用最先进的空间望远镜"詹姆斯·韦伯"号对宇宙进行射电观测，已经能够看到远达一百三十亿光年的宇宙，而整个宇宙的年龄也只有一百三十七亿年。

从认为地球是平的，到知道宇宙的年龄和大爆炸学说，人们已经不满足于现在的知识，而是提出了这个永远没人能解答的问题：宇宙到底有多大？它的边界又在哪里？

最小到底有多小，最大到底有多大，对于宇宙来说，其实这本身就是一种不太明显的逻辑错误。无限是不可能用有限来衡量的，所以有人提出，关于宇宙到底有多大，这就像问"一条直线的体积是多少"那么可笑。

宇宙到底有多大？对于这个问题，从古至今谁也解释不清，也没人能给宇宙的大小下一个准确的定义。目前最有科学性权威的答案，也只能探测到一百三十亿光年的宇宙空间，再遥远的空间是什么样子，就只能靠人类自身的第一智慧"想象"来结合科学理论画出宇宙模式了。

大科学家爱因斯坦说过，宇宙是一个无限大的宏观空间，要想了解这个无限大的宏观空间，就必须先用"相对论"去寻找一个与"无限大"相对的"无限小"微观空间。可这个"无限小"的微观空间在哪儿呢？

其实很容易找到，在我国古代，就有关"天有九层天，地有九层地"的传说。这句话说明了天地间大小是对称的，在大地上肯定还包含着一个"无限小"的微观空间，它和"无限大"的宇宙相互对立而存在。毫无疑问，这个对称点肯定在"地心"的某处，地球的最中心点应该是由最普通物质元素的"原子"为代表，这个"原子"和其他任何元素的"原子"都一样，并没有什么特别之处。

2011年10月，诺贝尔物理学奖获得者、美国麻省理工学院著名华裔教授丁肇中在山东大学召开了媒体见面会，有几十名记者围坐在圆桌旁，陆续向他提出很多问题。

身穿深蓝色西装外套搭配青绿色领带、年逾七十的丁肇中说话简单直率，对记者提出的科学问题基本上是有问必答。在整个采访过程中，最让丁肇中感兴趣的话题显然还是他的老本行：未知的宇宙。

"我一直认为研究宇宙的起源非常重要，我把十余年的心血都投入在阿尔法磁谱仪实验上，这个实验我已经做了十六年。在这个时间里，我其他什么事都不做，我一向认为，集中所有时间做一件事才有成功的可能。"丁教授说。

2011年5月16日，阿尔法磁谱仪随着美国"奋进"号航天飞机升上太空，用来寻找反物质组成的宇宙，还有暗物质的起源。这被认为是继人类基因组计划、国际空间站计划和强子对撞机计划后的又一大型国际科技合作项目，该项目负责人就是丁肇中教授。

早在1976年，丁肇中就因为发现了构成物质的第四种基本粒子J粒子而获得诺贝尔物理学奖，到了1995年，丁肇中的研究又伸向另一个领域：利用国际太空站来侦测宇宙反物质。转眼十六年过去了，丁肇中依然站在宇宙科学的最前沿进行研究着。

在媒体见面会上，有记者提出了时下最时髦的"宇宙大爆炸"理论，丁肇中回答："如果能够找到反物质，就是对宇宙大爆炸理论的最好证明，可是我们现在还没有找到。"

就像历史学家那样，宇宙学家已经意识到，开启未来的钥匙就在于过去，那么宇宙的起源到底是什么？如果根据"宇宙大爆炸"理论，宇宙是在约一百四十亿年前，由一个非常小的"奇点"爆炸而形成的，这个理论虽然没有被直接证明，但大多数的顶尖科学家都承认，比如物理学天才霍金。

丁肇中说："宇宙大爆炸以前的空间全是真空的，真空里面什么也没有，大爆炸后才产生了正物质和反物质，否则不可能加起来为零。在银河系里，我们知道并没有反物质，因为反物质和正物质相撞会产生大量的光，但我们没找到这种光。"

"可是宇宙中有一亿多个银河系，我们这边没有，并不代表其他地方也没有。阿尔法磁谱仪实验就是要寻遍所有的银河系，一直找到可见宇宙的边缘，来寻找反物质。如果真的找不到反物质，那大爆炸理论就要引起怀疑了。"他又补充道。

在科学面前，无疑充满了很多个未知数，路也是很艰难的，丁肇中曾经这样解释他所做的实验："我的实验就像是在北京下了一场倾盆大雨，如果一百亿个雨滴中只有一滴是彩色的，我们就是要把这滴给找出来。"

就在 2011 年 9 月，欧洲核子研究中心正式宣布，他们发现了一部分中微子的速度比光速还快的现象，这在科学界引起轩然大波。一旦有物质超过光速的现象得到证明，那么爱因斯坦的相对论就有可能是错的，也会改变人类对宇宙的认知。

很多人都对宇宙的边界做过猜想，有人说："太阳系就是一个原子，银河系就是一滴水珠，而地球可能只是个细胞核而已。"

哈佛大学的工程物理学家布鲁斯·查尔顿有个著名的"宇宙平行理论"，就像哲学中提到的"中国盒子"那样：两个盒子互相套着，里面的盒子也是外面的盒子。他还说："就算有那么一天，假如人类真有了穿越宇宙的能力，宇航员在那瞬间可能会发现，他正在从两粒水分子之间费力地爬出来。人类如果想利用速度这种东西来穿越宇宙的话，就像一只绕着纽约公园某棵大树转圈的苍蝇，它飞来飞去好几天，就以为到了夏威夷呢！"

科学家们普遍认为，宇宙是有限而无界的，它就像一个气球，我们都处在球体内部，这个球体空间是有限的，但我们永远走不到它的边界，就像在地球表面永远走不到头一样。而在宇宙中飞行，就算已经到达宇宙的最远处，我们也飞不出宇宙，因为空间本身就是扭曲的。就算一直朝相同的方向飞行，在这个扭曲空间中，飞行路线在其他空间看来也是弯曲的，只不过是在宇宙最远处环绕飞行罢了。在宇宙的内部飞行，不管朝哪个方向，不管有多快，最终都会回到出发点。

可问题又出来了，就算宇宙和时间空间都是圆形的，但这个圆也有边界，那么圆之外的地方又算不算是宇宙？看来，我们这些普通人的思维，是无法解释科学家们的大脑的，也许在几千年之后的地球，人类才能发达到可以了解宇宙的边界到底是什么了吧！

穿越时空

能够回到过去，或者穿越到未来，一直是人类从没停止过的美好幻想，那么这到底能不能实现？时间真的能拐弯和回头吗？如果能够回到过去，那我们是否能与以前的"自己"相遇甚至打个招呼？时间会不会发生错乱？

父亲比儿子还年轻，双胞胎姐姐 20 岁，妹妹却已经 80 多岁，这有可能吗？

有关"穿越时空"的情节，从古至今小说电影中不知道写了多少遍，但人们还是津津乐道，因为它是我们做不到的事情。最有名的可能就是美国系列电影《回到未来》三部曲了，里面的男主角乘坐时空机器回到二十年前，那时他的父母还只是大学生，互相也不认识，男主角的任务是要想方设法让他的父母必须相识和相爱，否则他也就不存在了。结果他还未婚的母亲竟爱上了他——自己未来的亲儿子，闹出很多笑话，最后当然是有惊无险。

这只是小说和电影中的情节吗？当然不是！在 1954 年的一次热气球比赛中，哈里·洛根和德里克·诺顿乘热气球在百慕大三角区神秘失踪，经多方查找也没有下落。过了三十多年，到了 1990 年的春天，在古巴春季热气球比赛中，有人惊讶地看到了那只失踪三十六年的热气球，就在当年失踪的地方突然出现！

古巴人把他们带到了军营中，哈里·洛根回忆道："当时我感到浑身刺痛，就像有一股比较弱的电流通过了身体，然后就是剧烈的疼痛，简直令人难以忍受。"德里克·诺顿也说："那时候我看到周围的天空和海洋一瞬间都变成了红色，我们吓坏了，还以为眼睛出了问题。但几秒钟后，天空和海洋的颜色又正常了，我们看到天空中有一架战斗机在跟踪我们的气球，显然是要让我们迫降，最后我们就降落了。"很明显，在洛根和诺顿看来只过去了几秒钟时间，但对地球来说，却已经过了足足三十六年。

在 1970 年，一架载有一百二十七名乘客的美国波音公司 727 客机经过百慕大三角区飞往迈阿密机场，就在着陆前的二十分钟，飞机突然从地面导航站的雷达屏幕上消失。就在所有人担心飞机是不是失事的时候，大概过了十分钟，飞机又重新出现并且安全在机场着陆。经检查，飞机上的所有人员都安然无恙，只是飞机提前十分钟到达机场，而且飞机上所有的计时器，包括乘客的手表也全都慢了十分钟！

地球上像这样的新闻并不少见，人们无法接受有什么时光隧道存在，觉得那只能在科幻作品中出现。对于这个问题，著名物理学家斯蒂芬·霍金就提出过很多假设和理论。他完全相信这些事情是真的，之所以大家都不信，是因为了解"时空虫洞"的人还很少。

霍金举了个非常简单的例子：当人们在路上开汽车时，向前走和向后倒车是第一维空间，向左右转弯是第二维，在山路爬坡和下坡是第三维，那么时间就是第四维。对于物理学家来讲，时光隧道就是虫洞。霍金说过："虫洞就在我们周围，到处都有，只是小到肉眼根本无法看到。宇宙万物都会出现虫洞，也包括时间这个东西——时间也有细微的裂缝和空隙，比分子、原子还小的空隙叫作量子泡沫，而虫洞就存在于这些量子泡沫之中。"

在一百多年前,爱因斯坦就提出,世界上应该有能让时间变慢的地方,和能让时间加速的地方。时间在太空中比在地球上要过得慢,原因是地球有吸引力。爱因斯坦同时发现,物质能减慢时间运行速度,就像河的下游。物体越重,对时间的阻力也就越大,这种惊人的事实,为通向未来的时间旅行打开了通道。

霍金无疑是当代最优秀的物理学家,他认为,时空旅行的天然交通工具就是黑洞。地球距离银河系中心有 2.6 万光年,那里是银河系中最重的天体,一个质量相当于四百多万个太阳的超大黑洞。在自身的引力作用下,这个黑洞被压缩成一个无限小的点,离这个超大黑洞越近,遇到的引力也就越强。如果离它太近,连光线都逃脱不了它的魔掌,也会被吞噬进去。这样的超大黑洞对时间有明显的影响,它让时间减慢的速度,远远超过银河系中任何物体,所以也有人称它就是一台"天然的时间机器"。

霍金说:"宇宙飞船也许能够充分利用这种现象,比如一颗在地球轨道上运行的卫星,它每绕轨道运行一圈的时间是十六分钟,但如果它能靠近一个超大黑洞,那么时间就会慢下来。这时的引力影响远远比地球的引力更大,对卫星来说,时间也会减慢一半,地球上观察到卫星转一圈要花十六分钟,而在卫星上的人来说,其实只过了八分钟。

我们可以想象一下,如果这颗卫星运行了五年,但别的地方其实已经过了十年,当卫星上的人回到地球,就会看到地球上的所有人都比他们老了 5 岁。所以,人们能利用超大黑洞的原理制造出一台时间机器来。

著名的"双生子佯谬"是这样的:有这么一对双胞胎兄弟,弟弟留在地球上,而哥哥则乘坐先进火箭到太空四处旅行。这艘火箭的飞行速度接近于光速,在太空旅行的哥哥过了两年再返回地球时,发现他弟弟早已死去,因为地球上已经过了一百年。对哥哥来说,他就实现了回到未来。

但这个理论还没有在科学界上得出定论，史蒂芬·霍金写的《时间简史》里对这个事做过专门讨论，他认为就算真的能超过光速，也太不可能真正穿越时空。因为时间倒流只是个假象，超光速运动的物体将会引起时间和空间的一系列量子力学上的复杂反应，最终让穿越时空失败。同时霍金还表示，时间机器只能把人带向未来，而不能回到过去，因为回到过去违反了基本的因果论。

我们也能发现，那些发生在地球上的时空穿梭事件，也都是让人前进到未来，而没有人回到过去。比如在某天发现有一个人出现在地球的某处，他声称是你的儿子，而你这个时候还没结婚呢，哪里来的儿子？

当然，也有很多科学家持不同意见，而且他们觉得穿越时空的方法并不只有超光速一种。在美国51区就曾经曝光过几十年前的绝密文件，里面是某架外星人的飞碟坠落在美国罗斯韦尔地区，同时还抓到了一名外星人。美国派出科学家对这名虚弱的外星人进行审问，在问到他们所在的星球距离地球有多远时，外星人回答："极远的，不可描述的。"然后科学家又问"那你们是怎么来到地球的，用了多长时间"时，外星人回答："瞬间的，极短的，时空折叠，跳跃。"

在科学家要继续审问时，外星人因为虚弱过度而死亡，据说现在那几名外星人的尸体还保存在51区的核心区域"绿屋"之中。

对于外星人说的那些只言片语，人类还很难理解，但这几句话无疑提醒了人们，在时空中穿梭并不仅仅要靠光速，而是还有另外的、更高科技的方式。时空也能折叠和跳跃？这种方法是否能实现回到未来？现在还没人能知道。

可怕的反物质

　　这究竟是一种什么样的物质？为什么在宇宙中到现在还没人能发现它，却到处都有它的存在？为什么想要生产一千亿分之一克的反物质，竟然要耗费六十亿美元？为什么零点几克的反物质就能毁灭一座城市？

　　什么是反物质？要是用物理学来解释可能有点深奥，我们先来引用美国著名悬疑作家丹·布朗在畅销书《天使与魔鬼》中提到的一些话：

　　"反物质是人类目前所知的、威力最大的能量，它能百分之百地释放能量，而原子弹的核裂变效率只有百分之一点五左右。反物质不会造成污染，也不产生辐射，像水滴那么大的一点反物质，就能维持整个纽约城全天所需要的能量。不过，先不要太乐观，这里面可能隐藏着巨大的危机……

　　"反物质极其不稳定，它能把接触到的任何东西化为灰烬，就连空气也不能例外。仅仅一克的反物质，就相当于二十万吨 TNT 当量核弹爆炸的能量，比当年扔在广岛的那颗还要强两千多倍……"

　　这是丹·布朗在书中说的话，他在小说中设计了有关反物质的情节，说恐怖分子企图从欧洲核子机构偷取 0.25 克反物质，用来把整座梵蒂冈城炸毁。严格来讲，他的情节设计和某些说法有些地方夸张了，但大体是对的。

　　用最通俗的话来讲，反物质其实就是和正物质完全相反的物质，而我们在地球上生活中所看到的、摸到的、听到的一切物质，全都是正物质。反物质是正常物质的反状态。正反物质一旦相遇，双方就会相互湮灭而抵消，而且会发生爆炸并产生巨大能量。这种能量的释放率，要远远高于原子弹和氢弹的爆炸。

　　一些科学发现常常会让人们目瞪口呆和难以置信，而正是这些发现，推动了人们对世界的认识和进步，反物质的发现就是这样。1932 年，美国科学家安德森在研究来自遥远太空的宇宙射线的过程中，意外发现一种粒子，这种粒子的质量和电量都与电子完全相同，唯一不同的是，在磁场中弯曲时，这种粒子的方向和电子相反，也就是说它是正电子。

　　正电子的发现引起了科学界的震惊和轰动。它是偶然的，还是具有普遍性？如果具有普遍性，那么其他粒子是不是都有反粒子？科学家们在探索微观世界的研究中，又新增加了一个目标。

　　在网上流传着关于反物质的很多传闻，比如"五千万分之一克"反物质就能摧毁大型设施、区区几克反物质就能毁灭地球等等，其实这些都纯属谣言，只是为了增加网络点击率而编出来的假消息。五千万分之一克的反物质湮灭时，能够释放出三百多万焦耳的能量，但这些能量还不足以摧毁什么大型设施；而五克反物质湮灭时能释放出三十六万亿焦耳的能量，这些能量是不小，但也不可能毁灭地球。

　　早在 1898 年，英国的一位物理学家就提出：与普通的物质存在相同，应该也有一个镜像对应的反物质存在。不过当时的科学水平和试验条件都很差，所以他这个反物质的概念没有半点事实依据。但到了 20 世纪 30 年代初的时候，英国物理学家保罗·狄拉克又提出了更具体的反物质假说，他说："每一种粒子都应该有一个与其相对的反粒子，比如反电子，两者的质量和电子完全相同，只不过携带的电荷正好相反。"

当正物质和反物质一接触，原子最外层的电子就会因为所携带电荷相反而抵消，原子核中的质子也会因为同样原因而相互抵消，反中子因为磁性而与中子相反，最后和中子进行强烈的碰撞，发出惊人能量来。

大科学家爱因斯坦曾经计算过这种完整的能量释放比率，他说："和正反物质相撞所释放出的能量相比，原子弹爆炸就像划了一根火柴那么微不足道。"

著名物理学家和天文学家拉普拉斯说过，天体都有巨大的引力，在巨大引力的作用下，会发生各类反应，比如发光发热。但物极必反，宇宙中最大的天体极有可能是肉眼看不见的。当引力随着质量而无限增大时，天体就会变成一个什么都没有的区域，它既不发热也不发光，也就是我们俗称的"黑洞"。

其实从哲学角度来讲，这个问题很容易回答。我国古代的阴阳太极图就暗示了世间万物分阴阳，部分天文学家也认为有存在的可能，但还拿不出令人信服的证据。自从宇宙大爆炸理论出现后，科学家们就一直在努力从宇宙射线中找到神秘的反物质。但到现在为止，科学家们都没能找到反物质。

反物质的发现使人们联想起很多不解之谜，比如发生在 1908 年 6 月的通古斯大爆炸，其威力相当于几百颗氢弹一起爆炸。之前的说法是流星或陨石坠落，但又都不太像。

1979 年 9 月 22 日，美国卫星拍摄到发生在西非沿海一带的强烈爆炸照片，经分析，它的强度相当于一次核爆炸。但当时只有美、苏、英等少数国家拥有核武器。第二年，这颗卫星又在同一海域记录到与上次相同的现象，令政界和科学界大惑不解。

在 1984 年 4 月 29 日晚，日本的一架班机飞到美国阿拉斯加上空时，副机长突然发现飞机前方有一团巨大的蘑菇云，而且急速向四周扩散，天空一片灰蓝色。附近的一架荷兰班机也都看到了。事后却没发现有任何放射性污染的痕迹，但目击者十分肯定地说，那就是核爆炸产生的烟雾。

现在有了反物质这个课题，以上这三个现象似乎都有了很合理的解释。同时，否定反物质的人很多，美国宇宙学家施拉姆就说过："大多数理论家的直觉都是反物质并不存在，这意味着如果你能找到它，就会是个很伟大的发现，也能证明这些理论家的直觉都是错的。但最大的可能是，这意味着你根本就找不到它。"

随着科学的发展，科学家们发现我们用肉眼和天文仪器能看到的宇宙，只有恒星或者星系，而这些物质只占宇宙总体的十分之一，另外那九成物质，都是以暗物质或反物质形式存在着的。1997年，美国天文学家宣布，他们利用伽马射线探测卫星发现在银河系上方约三千五百光年处，有个不断能喷射反物质的反物质源。它喷射出的反物质形成了一个高达三千光年的"反物质喷泉"。

由于我国也参与了这项研究，因此新闻媒体们曾经大力宣传过这个事情，著名华裔物理学家、诺贝尔物理学奖得主丁肇中教授也在努力研究。这极大地震撼了物理学界，使科学家们寻找反物质的热情又高涨了。

在1998年6月3日，丁肇中教授发起了"寻找宇宙反物质"行动，由他一手研制的"阿尔法磁谱仪"随着美国发现号航天飞机上了太空，使得这个领域再度成为全球科学家关注的焦点。

曾经有人问，月亮和太阳是反物质组成的吗？太阳系里有反物质天体吗？

月亮是离我们最近的天体了，美国宇航员也已经在月球表面登陆过。如果月球是由反物质组成，那么在宇航员阿姆斯特朗与月球接触时，湮灭过程早已把他转化为介子。这是直接的证据，说明月亮是正物质的天体。太阳虽然是人类不可能登陆的地方，太阳表面的气体很热，热运动速度较快的原子已超过了太阳表面的逃逸速度，这就是太阳风的起因。

如果太阳是反物质恒星，那么太阳风就是由反原子组成的，它能一直吹到行星上，也会和行星上的正原子相互湮灭。这样一来，由正物质组成的行星包括地球就会逐渐消失，但这种消失过程并没发生，所以说，整个太阳系中也没有反物质天体。

但这并不能说明，太阳系之外没有反物质天体，只是我们还没有能力找到它们。还有人提出了另外一个问题：黑洞是正物质组成的，还是反物质组成的？

这个问题就复杂了，由于视界的遮盖，人们还没办法探究黑洞的物质构成，但由于黑洞的形成过程我们已经知道了，大多是由恒星的坍缩形成，而我们周围的恒星又没有由反物质构成的。这样一来，在黑洞的坍缩过程中不存在大规模物质和反物质的变化，所以可以推断出，我们观测到的黑洞都是由正物质构成的。

为了解开这个世纪之谜，中国和意大利在西藏海拔四千三百米的羊八井地区建了世界上第一个上万平方米的"地毯"式粒子探测阵列实验站，用来接收来自宇宙的高能射线和反物质粒子。

有人也许会问，为什么我们不自己制造反物质？生成反物质的速率极低，生产一千亿分之一克的反物质，需要耗资近六十亿美元，所以现在还不成熟。至于以后的人类是否能大量制造出反物质，就要看几百年后了。

第三章　未解迷雾

　　世界上真的有轮回吗，为什么有人居然能记起自己的前世？人能像鸟那样在天上飞吗？人体的潜能要怎么才会激发出来？奇怪的"费斯托斯圆盘"是怎么制造出来的，它的文字为什么到现在还没人能破解？人做梦和预言有什么关联？希特勒真的死了吗，或者直到现在仍然生活在某个地方？

能记得前世的人

六道轮回是佛经中的神话传说，认为人是可以转世的，但现实中是否真有前世投胎的人，他们是否真能记得自己的前世是什么样的？那些能清楚说出前世甚至几个前世生平的人，到底是精神病还是疯子，或者是受人指使的骗子？

在 1958 年冬天，美国伊利诺伊州的瓦达西加发生了一件怪事。

罗兰·温纳姆是一名健康活泼的 14 岁女孩，也是霍尔·温纳姆家的独生女，性格倔强而娇惯。1958 年 12 月 1 日的晚上，罗兰突然昏迷了过去，怎么也叫不醒。霍尔和妻子连忙把她送到医院，但在半路上罗兰就醒了。她从汽车座上慢慢坐起来，迷迷糊糊地问："这里是什么地方？"

她的妈妈温纳姆夫人非常高兴，连忙说："我的宝贝女儿，你终于醒了，你感觉怎么样？"

罗兰看着她的妈妈，眼神中露出陌生的神色："请问您是谁？"

温纳姆夫人以为女儿还没清醒，就笑着问："那你又是谁呀？"

"我是玛莉·洛甫啊，我现在是在哪里？"

霍尔夫妇全都愣住了。女儿口中的玛莉·洛甫是邻街居民亚瑟·洛甫夫妇18岁的女儿，早在十二年前就病死了，那时的罗兰才只有两岁，她根本不可能记得这个人。回到家之后，罗兰的性格已经完全变了，她突然变得文雅、温顺而有礼，就连说话的习惯都和洛甫夫妇那18岁的女儿玛莉·洛甫一模一样。

罗兰虽然人醒了过来，但性格却发生巨变，似乎她已经不再是罗兰·温纳姆，而变成了玛莉·洛甫。醒来后的罗兰已经不认识霍尔夫妇家中的任何人，她天天恳求着让她"回家"，回到洛甫家去。无奈的霍尔夫妇只好先带着罗兰来到洛甫家，同时也请了著名精神病专家斯蒂文森博士同去。

刚看到霍尔一家三口和博士的洛甫夫妇有点儿意外，因为他们和霍尔家只是点头之交，一年也难得碰上几次面。在听到霍尔夫妇的解释之后，两人简直难以相信。可罗兰对洛甫说话的语气根本就是女儿在对父亲那样，洛甫夫妇完全傻了眼，看着这个邻居的女儿连续说出自己家中的琐事，尤其是那些只有父母和女儿之间才知晓的隐私事情，这使得洛甫夫妇极为惊奇。

"她就是我们的玛莉，"洛甫终于说，"我不明白为什么会这样，但她确实是我们的玛莉，你们还是先让她回家吧！"

斯蒂文森博士建议先让罗兰在洛甫家中居住，温纳姆夫妇勉强同意了，他们觉得换个环境也许对女儿有益。在12月24日平安夜，罗兰搬到了洛甫家中，她能认出玛莉·洛甫生前所认识的每一个人，包括玛莉所有朋友的名字。她还从玛莉遗留下的首饰盒中选出了一只天鹅绒头饰，边戴在头上，边描绘玛莉在生前参加舞会时佩戴它的样子。

几个月以来，身体是罗兰而性格是玛莉的这个怪女孩一直非常快乐，直到第二年的3月7日那天，她突然又向洛甫夫妇哭喊道："罗兰，罗兰就要回来了！"

她向邻居们和朋友们道别，虽然此时的她依然是玛莉·洛甫，但神态却非常忧郁。到了 3 月 21 日，罗兰又突然失去知觉，醒来后又恢复了罗兰·温纳姆的本来面目。她又重新回到霍尔的家中。直到 1962 年的 10 月，罗兰嫁给了一个名叫乔治·平林的农夫，搬到美国西部去定住了。

这起借尸还魂的怪事被称为"瓦达西加奇事"，这件事就连当时的心理学权威里奇·霍其森博士都说："这件事是有可能发生的，它表示一个人的个性能在死后再次复活。"

人真的有前世和来生吗？佛教中有六道轮回的说法，人只是其中的一道，藏传佛教也有转世之说。虽然西方宗教中并没有转世这种说法，但国外的有关事件却层出不穷。比"瓦达西加奇事"更早的 1931 年，沃尔夫冈出生在奥地利格拉兹的大学教授之家，在他 4 岁的时候，他的教授母亲时常带他出去散步，他经常说自己前世是一名军官，当然，母亲以为小孩子说胡话。

有一天，天气比较热，母亲叫沃尔夫冈把外套脱下来，可他却不肯，说一名军官不能不穿外套就在外面散步。而他平时说话常用这样的口吻："当我过去是个大人的时候……"在大人们逗他的时候，他会详细地说出他前世那名军官的情况："我在 1917 年死于第一次世界大战。当时我们驻扎在维也纳。"同时沃尔夫冈还说出几所军营的名字，有好事者特地打电话询问这些事情，居然都是真的！

在 7 岁之后，沃尔夫冈就不再提起他前世军官的事情，逐渐都忘记了，最后他成了一名马术专家，而他前世的那名军官生前也是优秀的马术专家。

还有一些例子虽然不是直接与转世有关，但也令人奇怪和无法解释。在 1914 年的挪威，一名叫艾斯特·克努凯的教师就碰到过这样的怪事。他在霍夫镇居住时，他邻居的太太生了三胞胎女孩，在她们 2 到 4 岁的时候，那三姐妹互相能用一种人们听不懂的语言交流。每当她们一起谈话的时候，大人们就在旁边仔细听，但谁也不知道是哪种语言，那既不是英语，也不是芬兰语。

有人怀疑小孩子们只是在胡乱讲图好玩，但有人找来语言学家之后，专家立刻说出这是捷克语，大家无不惊奇，因为在挪威会讲捷克语的人极少，小孩子又是怎么掌握的呢？但到了4岁之后，这三姐妹就停止了用捷克语互相交流。

这样的例子在现代也有，1987年5月间，一名居住在匈牙利首都布达佩斯的15岁女童阿莉丝不幸染上流感，最后奄奄一息，只剩下半口气了。她父母以为女儿已经死了，正要准备后事时，突然阿莉丝又好转过来了，却不再说匈牙利语，而是一口流利的西班牙语。更奇怪的是，阿莉丝连自己母亲也不认识了，她父亲只好找来懂西班牙语的人做翻译，翻译出来的话更令大家惊奇。

阿莉丝说，她的名字叫莎拉维奥，是西班牙首都马德里一名本地油漆工人的妻子。她还说道："我今年40岁，有五个孩子，我染上了重病，以为自己肯定活不长，可不知道为什么会在这个陌生的地方复生。"阿莉丝的父母托人去西班牙调查是否属实，结果在马德里真打听到那名叫莎拉维奥的油漆工妻子，可她早在一个月前就死了，死的时候确实是40岁，而且也是五个孩子的母亲！

难道那名死去妇女的灵魂利用阿莉丝的躯壳而再生了？反正不管怎么说，这个15岁的少女身体开始渐渐复元。但不到几个月，阿莉丝又开始重新讲起了匈牙利语，而她讲西班牙语和马德里的那段旧事却怎么也想不起来了。

无独有偶，1992年在土耳其的亚达那市有一名叫伊士迈的15岁男孩，当他只有4岁的时候，有一天和父亲梅菲默特同床而睡。突然，伊士迈用大人的口吻说："我不愿再在这个家住下去了，我要回去和我的儿女们团聚！"

梅菲默特大为惊愕，年仅 4 岁的小孩哪会有自己的子女，难道他生病发疯了？就说："伊士迈，这里是你的家呀！"可这个男孩似乎并不理会他父亲的话，竟然又说："我就是被杀害的阿比·史兹尔姆斯，我在 50 岁的时候被人打破脑袋而死的。"

伊士迈这番骇人听闻的话把梅菲默特弄糊涂了，他立刻把儿子说的话告诉了妻子乃比哈。乃比哈也说："要是这么说，伊士迈出生时头皮上就有的那块黑色疤痕，可能就是他的前世被打伤的痕迹了。"

关于这类事情，古今中外有很多记载，中国古籍《晋书·列传第四》中也记录过，说西晋著名军事家、文学家羊祜的前世是邻居李氏的儿子，这是在正史中确切记录的。但科学家并不承认有什么转世、前世之说，可那些事件中详细而又无法造假的现象又怎么解释呢？我们相信，在这个世界上并不是所有现象都能用科学来解释得通，或者我们现在认为已经很发达的科学，其实还不足以解释这些未知现象吧！

人会飞吗?

以前的人类也像鸟那样有翅膀、能飞翔吗? 为什么众多远古神话传说中都有关于人类飞翔的记录, 或者仅仅是美好的愿望而已? 有没有办法能让人也和鸟一样可以随意飞翔? 为什么人没有翅膀而鸟类才有?

在古代南美阿兹特克的神话中, 曾经记载着这样一段故事:

阿拉曼正在农田中干活, 突然从半空中伸下一只巨大的爪子, 拦腰抓住他飞上天空, 越飞越高。同时有个声音问他: "你看看现在天空像什么, 大地像什么, 人又像什么? "阿拉曼回答: "天空像一块大蓝布, 大地像农田, 人像小老鼠。"又飞了一会儿, 那个声音又问: "现在天空像什么, 大地像什么, 人像什么? "阿拉曼说: "天空像锅盖, 大地像糕饼, 人像蚂蚁。"又飞了很久, 声音再次发问: "现在的天空像什么, 大地像什么, 人像什么? "阿拉曼回答: "天空像黑布, 大地像篮球, 人已经看不到了。"

这显然只是一则神话故事, 类似的故事在中国古书上也有过。但到了人类发明飞机, 并乘坐飞机飞上天空的时候, 尤其是 1961 年苏联飞行员加加林和他的"东方 1 号"宇宙飞船首次飞出地球之后, 这则神话故事的味道就完全不同了。

加加林坐在宇宙飞船中，从地面升空，然后慢慢飞出地球，进入太空，他是全世界第一个亲眼看到太空和地球全貌的人。他一周后顺利回到地球，有朋友给他看了那则阿兹特克的神话故事，加加林非常惊讶，因为故事中"阿拉曼"所描述的东西和比喻，与自己在宇宙飞船中看到的完全一样。显然，如果没有亲身体会的人，根本不可能做出"锅盖"和"黑布""篮球"这样的比喻。因为在人类飞出地球之前，还没有人知道在距离地面几万米的高度时，蓝色的天空会逐渐变成黑色。而只有在太空中，天空才会变成黑布，至于篮球，当然就是地球的全貌了。可问题是，几千年前的古人是怎么准确地做出这些描述的呢？难道古人就已经有过飞上太空的经历？

　　类似的例子还有，印度考古学家们就在1965年发现过一幅巨大石雕，绘制的是印度两千年前恒河流域曼达尔平原的景色，完全是用高空鸟瞰的角度绘制而成。可当时根本没有直升机，人们怎样从高空来绘制它？

　　早在公元前9世纪，古英国的布拉德国王就制造了一副飞行翼，并试图从伦敦阿波罗宫出发，可不幸的是他刚飞出城堡就坠地摔死了，这可能是有关人类模仿鸟飞行的最早记录。在1503年，意大利工匠丹蒂也用自制的双翼从高山上跳下进行飞行试验，虽然没死，但也摔成了终身残疾。到了1507年，英国人达米安从苏格兰斯特林城堡纵身跃起，想要飞向法国，结果落在城堡下摔断双腿。

　　人没有翅膀，肯定是不会飞的，但达尔文的进化论中说过，人和鸟类等动物都有共同的祖先，远古时期大家都先是四足动物，只不过在地质演变中，陆地越来越少，大海越来越多，所以那些四足动物有的被迫下海变成了鱼，也有的被迫上天，变成了鸟类，翅膀就是四足动物的前足变化而来的。现在我们从始祖鸟化石中还能清楚地看到，它的两个翅膀上还有没完全进化掉的小爪子。

　　希腊神话中，雅典城的能工巧匠狄达罗斯很擅长雕刻，他刻出来的雕像就跟活的一样，而且他还擅长工程技术，对建筑和制造各种工具格外偏爱。狄达罗斯到阿提克旅游，不久又来到了克里特岛，同行的还有他的儿子伊卡洛斯。狄达罗斯被克里特国王米诺斯奉为上宾，要他为这里的人身牛头怪造一所逃不出去的宫殿。

狄达罗斯用他的天才建造出了举世闻名的米诺斯迷宫，但米诺斯担心狄达罗斯再为别人建造同样的东西，于是想杀了他。狄达罗斯提前知道了这件事，于是他悄悄用巨鸟的羽毛按照长短有序排列，再用蜂蜡粘上，做成了一大一小两对人造的鸟翼。在深夜起飞前，他告诫儿子说："不能飞得太低，否则海水会把翅膀弄湿；也不能飞得太高，否则太阳光会融化蜂蜡，我们只能在太阳和大海中间飞行，等到达希腊就安全了。"

就这样，狄达罗斯父子用人造鸟翼升空而起，他们飞离克里特岛，越过萨摩斯，一直向希腊飞去。到了白天，伊卡洛斯越飞越高兴，他唱着歌越飞越高，狄达罗斯在后面大声警告，但追不上儿子的速度。结果强烈的阳光融化蜂蜡，翅膀从伊卡洛斯身上掉下来，伊卡洛斯也被汹涌的大海吞没。

这则故事典型地反映了古人对飞行的探索和向往，在中国有更多类似的神话，比如嫦娥奔月和孙悟空。但是根据生物学理论，人要是想会飞，就算前肢能变成翅膀，但至少也得有一米多宽的胸肌才能为翅膀提供力量。鸟类的骨骼中间是空心的，里面充满了空气，全身骨骼只占总体重的百分之六，而人类占了近两成，太沉了。鸟类的头骨是完整的一大块，全身所有骨骼之间都有天然突出的小钩互相连接，保证了飞行时全身的稳定性，这是几亿年来长期进化的结果，并不是安上翅膀就能飞起来的。这还没把移动时血液惯性的适应和其他因素的计算在内，因此人在很长一段时间内，想要借助翅膀飞起来的可能性为零。

既然不能用翅膀，那么有没有别的办法让人升空而起？也不是没有，早在 20 世纪初，就有人目睹过神秘的人体飘浮术。1910 年英国著名探

第三章 未解迷雾

083

险家彼得·亚巴尔到缅甸北部丛林考察探险，他来到一座地处偏僻山区的大寺院里，这里的一名老僧每天早晨都会在寺院门口盘腿静坐，然后身体慢慢升空，大概有十几米高，在丛林上空飘了一大圈，几十分钟后才慢慢落地。

亚巴尔被这一幕彻底惊呆了，连忙用照相机从不同角度拍摄了老僧空中飘浮的镜头。回国后他在英国《卫报》发表了这些照片，但大多数科学家和学者都不相信，觉得那只是亚巴尔的幻觉，或者是中了巫师的障眼法。而亚巴尔却坚决否认："我当时的头脑很清醒，看到的东西也很真切。最主要的是，那名老僧做高空飘浮时，并不知道我在旁边观看，我只是暗中观察着他，那些什么障眼法之说简直太可笑了！"

在1912年，法国探险家欧文·罗亚尼来到尼泊尔和西藏交界的喜马拉雅山一带考察探险，为图安全，他雇了一名西藏喇嘛做向导。这名喇嘛在走路时竟然可以脚不沾地，就像在空中飘浮前进。喜马拉雅山积雪非常深，罗亚尼的脚每前进一步都会陷在雪里，所以他走得很辛苦。而这名藏族喇嘛行走时却可以脚不沾雪，非常轻松，不时还能拉他一把。

最神奇的时刻来了，两人来到了两百多米深、一百多米宽的康尔尼峡谷，要是从别处爬山越过峡谷，需要浪费大半天时间，而且山上无路，非常危险，随时有可能跌下峡谷，不死也得伤。罗亚尼无奈，便想打道回府，这时喇嘛突然弯下腰，把罗亚尼背在身上，告诉他别害怕，再把眼睛闭紧。还没等罗亚尼表态，突然觉得身体已经飘起，他忍不住睁开眼睛，顿时惊得大叫起来。

喇嘛正背着他腾云驾雾般地在空中飞行，仅用了不到五分钟时间就越过峡谷，来到了对面。罗亚尼完全不敢相信，但又不得不信。返回法国后，罗亚尼把喇嘛在空中飘浮的照片和奇遇写成文章登在《巴黎时报》上，很多读者都不相信，觉得那是探险家在写"天方夜谭"般的小说，以取悦读者。

1986 年 9 月，美国物理学家卡莱曼教授和印度著名生物学家米巴尔教授、人体功能学者雷曼尔博士来到位于印度北方的边远山区纳米罗尔村探险，同去的还有美国《科学与生活》杂志记者史密斯。村中有位六十多岁的老人名叫巴亚·米切尔，四十多年来一直在修炼瑜伽，在三人的要求下，米切尔老人同意表演他的飘浮功，雷曼尔博士等人把录像机镜头和各种探测仪都安放好，米切尔老人盘脚坐在一张薄毯上，过了三分钟后身体开始轻轻上升，这时的探测仪已经测出，从米切尔的身上喷发出一股气流把他托起来。约升到一百米高后，老人伸出双臂，就像鸟的翅膀那样，身体也开始慢慢旋转。大约飘浮了半个小时，米切尔的身体开始摇动，接着缓慢降落在地面。

　　当三人问米切尔老人怎么练成这种奇妙的功夫时，米切尔认真地说："必须经过严格的精神训练，只有精神高度集中，才能将人体内的巨大魔力释放出来……"

　　当然，这些话并不能解除科学家心里的疑问：人体内潜藏的"魔力"到底是什么？为什么能够突破物理学的万有引力定律？当然，现在的科学水平不可能解释自然界中所有特异现象，要想揭开这个谜，估计还要很长时间，到了那个时候，人类的科技水平才能真正发现和挖掘人体的潜能，人也就都会飞了。

奇怪的潜能

人在危急时刻会爆发出常人难以想象的能量，这种情况是由什么因素造成的？肾上腺素能让普通人瞬间变成超人吗？为什么在紧急关头竟能跨越四米宽的裂缝，这种潜能是否可以在训练中经常使用呢？

人的潜能究竟有多大？恐怕没有最准确的答案，而且大多数人自己也弄不清楚。但是每每到了危急时刻，很多人经常会突然爆发出极强的连自己都害怕的潜能。

在1965年，沙特阿拉伯的塔伊夫城有一名25岁的姑娘，长得很漂亮，但在5岁那年得了一场大病，之后就变成了哑巴，二十年来多方医治也毫无效果。后来她父亲准备把她嫁给本城一个大她近30岁、很有钱的丑老头。媒人把那老头带到了姑娘家中来相亲，在见过面之后，姑娘的父亲对丰厚的礼物很满意，当场就宣布让姑娘嫁给老头。

就在这时，那姑娘突然讲出了二十年来的第一句话："不可能，我死也不嫁给他！"

其实这种事情早在四百多年前的英国就发生过，在英国古代文献《康沃尔郡记事》中就有过记载，讲的是康沃尔郡某农场主的女儿得了一种怪病，她在某天因劳累过度而伸了一个大大的懒腰，但从此后两只胳膊怎么也放不下来，很多医生都没能治好。后来从约克郡来了一名乡村医生，他在了解过情况后，当着很多人的面说："这个姑娘是被树林中的幽灵蜘蛛给咬伤了，我必须用针去刺她的肚脐，放出毒血就好了，而且现在就得治。"

说完医生就伸手去解姑娘长裙的系带，姑娘的父亲急了："喂，你在干什么？"上前伸手阻拦，但已经晚了，医生已经把姑娘长裙的带子解开，当裙子急速滑落的时候，姑娘突然满脸通红地迅速用双手抓住了裙子。就这样，医生治好了姑娘的病，但究竟是什么原因？连医生本人也说不好。

这两件事好像都是偶然事件，其实偶然中也包含着必然因素。现代心理学认为，由于种种复杂的内部和外部原因，人的大脑始终处于一种抑制的状态，人们长期无法使用自己的最大能力。而在某些意想不到的强烈刺激下，这种抑制会被瞬间解除，隐藏在人体内的潜能也会突然爆发，产生出神奇的力量。有科学家指出，人的能力有九成以上都处于休眠状态，没有被开发出来。

1921年，俄国戏剧名家斯坦尼斯拉夫斯基在排演一场话剧，但女主角因为生病而不能参加演出。没办法，斯坦尼斯拉夫斯基只好让他的姐姐临时担任这个角色。可他的姐姐以前只演过一些龙套角色，自己也很缺乏信心，所以排演时表现很差劲。斯坦尼斯拉夫斯基非常不满意，生气地说："这场戏是全剧的关键，如果我们的女主角还是演得这么差，那这出戏就没法再往下排演了！"全场都没人说话了，他的姐姐感到很耻辱，很长时间没说话，忽然抬起头，坚定地说："再排练一次！"

排练开始了，斯坦尼斯拉夫斯基的姐姐完全一扫之前的自卑、羞涩和拘谨，她表演得非常自信和真实，就像一名久登舞台的艺术家。斯坦尼斯拉夫斯基高兴地说："从今天开始，我们又有了一名新的艺术家！"

这种潜能无疑是由屈辱所激发出来的，但还无关生命，而那种在生死关头爆发的潜能，就更令人惊奇不已。有一对瑞士夫妇，他们都是登山爱好者，经常出没于世界各地的高山峻岭之中。在1997年3月，两人去爬乞力马扎罗山，当攀着安全绳缓慢前进时，突然发生塌方，走在前面的丈夫不慎掉下悬崖。后面的妻子双臂被绳子紧紧绞住，关键时刻她张嘴咬住了绳索，好在丈夫腰间有钢扣与绳索相连，人没有摔死，但也被撞昏过去。而妻子只能用牙死死咬着绳索，才不至于让丈夫掉下悬崖，就这样坚持了整整二十二个小时，碰巧有另一队登山爱好者经过，这才把两人救下来。当妻子的牙齿松开之后的半个小时内，她的牙龈因用力过度而完全坏死，所有的牙都脱落了。

在美国也发生过类似的事件，史蒂文是一名居住在西雅图的残疾人，他因车祸而导致了双腿残疾，已经坐在轮椅上有二十年了。他经常觉得自己的人生毫无意义，于是就只好用喝酒来打发时间。1998年7月的一天，他从酒馆出来坐着轮椅回家，半路碰到三个劫匪要抢他的钱包。他拼命呐喊反抗，被激怒的劫匪竟然放火烧着了他的轮椅，然后扬长而去。橡胶制成的轮椅很快燃烧成了一团火，求生欲望让史蒂文忘了双腿不能行走，他从轮椅上站起来，一口气跑到了两条街之外。

事后，史蒂文在接受电视采访时说："如果当时我不想着逃命，肯定就会被烧伤或烧死。但我忘了一切，脑子里只想着要逃走，当我跑不动而停下脚步时，才发现自己居然又会走了。"之后史蒂文还找到一份工作，他身体健康，也和正常人一样能四处旅游。

德国著名心理学家奥托曾说过："一个人发挥出来的能力，最多只占他全部能力的百分之四，也就是说，人类还有至少九成半以上的能力还没有发挥出来。"而著名的控制论奠基人维纳则说过："我可以确信地说，即便是那种做出了极大辉煌成就的人，他的身体潜能发挥也不到百分之一。"

科学家们发现，人体拥有巨大的潜能，有的人能轻易学会四十几种语言，有人能背诵整套的《大英百科全书》，有人能一口气拿到十二个博士学位……这些人的大脑构造和普通人完全相同，但他们却激发了大脑的潜能。

2009年12月11日，美国堪萨斯州的一名男子为了救出压在大卡车下的6岁女孩，竟然将大卡车生生搬起！

这名男子叫尼克·哈里斯，身高不到一百七十厘米，体重不到八十五公斤。他在送女儿上学后回家途中，看见一辆大卡车在倒车时将一名女孩压在车下。哈里斯在事后的记者采访中说："我当时想都没想，就用最快的速度冲过去，抓住大卡车的尾部咬着牙把它抬起，再用尽力气向前推，让轮胎离开那名女孩。"

后来哈里斯才发现，被压在车下的女孩原来是女儿的同班同学阿什琳，他连忙把疼得大喊大叫的阿什琳抱到人行道旁边，再让别人帮忙找女孩的母亲。

"他真是个超人。"阿什琳的母亲克里斯滕·霍夫激动地评价哈里斯，"他在我们一家人的眼中就是超级英雄！"阿什琳因为被救及时，只是有些轻微的脑震荡和一些外皮擦伤，在送到医院接受救治后的当天下午就平安出院了。

哈里斯说，他在当天晚上再次尝试搬动一些比大卡车还要轻的汽车，但根本不能搬动半分。"不管你怎样看，是肾上腺激素的作用还是上帝显灵，反正我是不知道自己当时怎么做到的！"

堪萨斯州立大学的人类学家说，人在遇到极度危险时，他的交感神经会迅速兴奋而刺激血压血糖升高，呼吸加速，心跳也会加快，同时伴有肌肉紧张。这时体内的肾上腺皮质系统会分泌出大量激素，用来提高血压和血糖。血液中的氧分供应会大大增加，人体的器官得到更充足的能量，人就会更强壮。这样就能解释为什么人在危急关头的力气会比平时大很多，另外在遇到危险时，人的交感神经会重新分配体内血液，把尽可能多的血液输送到心脏和大脑，这也是为什么人在紧张时脸色会发白。

我们经常能在电影和文学小说中看到有那种超人，他们跳得高、力气大、聪明无比，能救人于水火中，被大家视为英雄。现在的美国军方已经开始研制能增强人类各项功能数倍的机器，并用在军队配备中，也许在不久的将来，人类都会成为只在电影小说中才能够看到的超人和"钢铁侠"吧！

印度南部死丘事件

被称为世界三大自然之谜的印度死丘事件，各种迹象都表明非常像核弹袭击，可几千年前的古印度哪里来的核弹呢？为什么几万居民会在一瞬间全部死去，甚至还能保持着散步的姿势，或者是某种自然界的力量所造成的？

1922 年，印度著名考古学家拉·杰·班纳吉来到巴基斯坦的信德省拉尔卡纳县境内，这里有一座地处印度河中央的岛屿，他在这里发现了一大片古代废墟。

根据碳 –14 方法测定，这片废墟的年代是公元前二千五百年左右，比古埃及和美索不达米亚文明稍微晚了些，但当年应该相当的繁荣。遗迹占地约不到十平方公里，分为上城和下城。上城居住的是祭司和城市领导者，四周还有城墙壕沟，城墙上筑有瞭望楼，墙内还有高塔和带走廊的庭院。上城内建有一个巨大的、有柱子的大厅和一所大浴池，浴池面积足有一千多平方米，设计得非常巧妙。

与上城相比，下城就很简陋了，这里房檐低矮，布局也很乱，应该是普通居民和劳动者住的地方。但就算是平民区，这里的居民住宅也都是两层楼房，临街的墙不开窗户，用来避免灰尘噪音，而且每家都有单独的浴室和厕所，这在同时期的中国也不可想象。

由班纳吉领导的考古小组从遗址中发掘出了大量精美的陶器、青铜像和印章铜板等文物，还发现了三千多件有文字记录的遗物，包括五百多个符号。但这都不是最重要的，让这座遗迹闻名世界的，是在古城发掘中，考古小组发现了总共几万具人体骨架，从姿势来看，这些人在死亡之前或正沿街散步，或正在家中休息。显然灾难是突然降临的，也就是说，几乎是在一瞬间，全城约五万人全都死于飞来的横祸，但灾祸的来历不明。

远在三千六百多年前怎么会有如此发达的古城，而它又为什么突然灭绝？这里究竟发生过什么？是什么恐怖的力量能让几万人的城市在瞬间毁灭？班纳吉对此事大惑不解，他给这座城市起了个名字，叫摩亨佐达罗，中文意思是"死丘"。

班纳吉经过大量实地考察，提出了洪灾、瘟疫和外敌入侵等几种可能，但都不能解释遗迹中的种种现象。英国科学家杰汶波尔最终提出了惊人假说："摩亨佐达罗城是遭受到核弹袭击，才会变成这样！"

考古小组在废墟中发现了大量已经被烧熔化的黏土和矿物碎片，试验证明，这些黏土和碎片是被一万五千摄氏度左右的高温给烧熔的。这么高的温度只有大型冶炼作坊的锻造炉才能达到，但在遗迹附近根本没有这样的作坊和锻造炉。最奇怪的是，在摩亨佐达罗城还发现了很多爆炸造成的痕迹，班纳吉找到了一个爆炸中心点，这里的建筑物全都被夷为平地。从中心点向外，距离中心点越远，建筑物的毁坏程度就越小，而在远处的建筑物几乎完好无损，这与原子弹爆炸之后的场景特别像。

在印度的古代梵语叙事诗《摩诃婆罗多》中曾经有过这样的战争场面描写："自然的威力突然迸发出来，连太阳都在旋转，武器的热浪令大地燃烧。大象被火焰烧得疯狂奔跑，河水沸腾起来，鸟兽纷纷死去，敌人也一片片地倒下，尸体到处都是，马和战车都被烧成了灰。海面上死一样沉寂，起风后，大地才再次亮起来。死者的尸体被大火烧得肢体不全，没有了人形。"

这种描述与核弹爆炸后的场面惊人的一致，后来很多人把它和核弹联系在一起，所以有人干脆认为，摩亨佐达罗城就是被外星人摧毁的，因为三千多年前的地球上还造不出原子弹来。

但科学家们目前最认同的理论是闪电毁灭论，大多数科学家认为，神秘的黑闪电毁掉了摩亨佐达罗。所谓"黑闪电"是由罕见的球状闪电演变而成的，它们体积很小，亮度也极低，就像是一团黑雾，但却蕴含着极大能量，而且避雷设施对它们无用。当黑闪电聚集时，就能放出毒气，而且极易爆炸。只要有一个黑闪电爆炸，就能引起连环大爆炸，会在瞬间产生一万五千摄氏度以上的高温。

这种爆炸所造成的破坏，与摩亨佐达罗城的受损状况很相似，所以科学家们做出了这样的解释：黑色闪电在大气中形成，同时也产生大量有毒物质，毒化了空气。古城的居民们先是被毒气折磨，接着黑闪电发生猛烈爆炸，产生的高温足以熔化石块。最后爆炸所产生的冲击波到达地面，把城市毁灭。

在古印度的神话传说中，曾经有很多关于远古时期大爆炸的传说，书中用了"耀眼的光芒""无烟大火""紫白色的极光""银色的云""奇异的夕阳"和"黑夜中的白昼"等字眼来描述，这些都与核爆炸极为相似。

但也有人认为，摩亨佐达罗是被外星人的"宇宙飞船"给毁坏的，这一点与苏联通古斯大爆炸的原因相同。英国学者捷文·鲍尔特推测，在三千五百年前，一艘由外星人乘坐的核动力宇宙飞船来到地球，当它经过印度河中部上空时，宇宙飞船发生了致命的意外故障，最后引起爆炸，所以才造成了巨大的灾难。当然，外星人是否存在到现在还是个未解之谜，因此这个推测也只能是假说。

某些学者如澳大利亚的考古学专家雷克斯、美国学者威尔帕特等又从地质学和生态学角度进行了多种解释，他们认为"死丘事件"可能是特大洪水把岛上的古城给摧毁了，城内居民也同时被洪水淹死。但很多人不赞同这种说法，因为如果真是因为特大洪水的袭击，那么城内居民的尸体应该会随着洪水漂走，城内也不会保存这么多骷髅，而且在废墟的遗迹中也没有遭受过特大洪水袭击的任何证据。

还有学者猜测，也许是由于当时发生了急性传染疾病而造成全城居民死亡，但这种说法也有很大漏洞。因为不管多么严重的传染病，也不可能让全城的几万人在同一天、同一时刻全部死亡。而且从废墟的骷髅分布情况来看，当时有些人还正在街上散步或在屋里干活，并不像患有疾病的模样。经古生物学家和医学家仔细研究过骷髅样本，正式否定了疾病传播而导致全城居民死亡的说法。

后来又有人提出是异族大规模进攻，屠杀全部的城内居民这种说法，可入侵者又是谁？这么大规模的战争，不可能完全没有古籍记载，而且在骷髅上也找不到任何刀斧砍伤的痕迹，如果真是战乱，刀剑的痕迹是必须要有的。

九十多年过去了，摩亨佐达罗城"死丘事件"已经有了很多种观点，但到现在还难以判断谁是谁非。它与中国明朝王恭厂大爆炸、苏联通古斯大爆炸共同并称为世界三大自然之谜，继续在等待人类的文明发达到能把它解开的那一天。

费斯托斯圆盘

这个外形看上去很像圆圆的黄油饼干、上面刻着二百四十多种符号的泥板圆盘，是文字，还是图案记载，甚至是外星人或神秘文明留下来的绝密事件记录？为什么在历史同期都没找到过任何与之类似的文物，它的来历和用途到底是什么？

1908 年，英国一个五人考古小组在意大利著名考古和历史学家裴涅尔博士带领下，来到希腊克里特岛进行考古研究工作，几个星期的辛苦寻找没有白费，他们找到了当年克里特岛京都所居住的费斯托皇宫遗址，年代能追溯到公元前两千年左右。在发掘行动中有很多收获，除了金银币、各种精美的陶器和刀剑之外，还意外地找到了一件奇怪的东西。

这是一个泥土圆盘，直径不到七英寸，主要由赤陶土制成，正反两面都刻有象形文字，经统计共有二百四十一个、四十五种，文字由外向内呈螺旋状分布，还有细细的螺旋状线条和直线，将文字分隔开来。

裴涅尔在他的考古日记中写道："这个圆盘令我惊奇和疑惑，它上面的文字之间有很明显的间隙，从文字图案的刻法来判断，应该是陶土圆盘还是湿的时候就刻上去的。整个圆盘明显是用两个分开的模子压制而成，盘上所刻的符号有表示人物、动物和身体器官的东西，还有各种植物和工具等日常物体。"

在圆盘上还有一些船的图案，出现次数最多的符号是一个佩戴着头饰的人头，和在拉美西姆发现的埃及绘画上的腓力斯人很像。据琼斯博士推测，这个人头的形象有可能源自小亚细亚西南部临地中海的古国吕西亚，因为盘面这个戴着羽毛头饰的头像和腓力斯人的装束特别相似。

"它的年代应该属于希腊文化的新宫殿时期，那时的象形文字经常被作为书写宗教文献的神圣文字。"裴涅尔在日记中这样写，"这个圆盘上的符号线条很精美，而且相同的符号线条走向也完全相同，明显是用活字印模在泥盘还没干的时候就压印上去的。这应该是目前所发现的、最早的活字印刷品了吧！我把它称为费斯托斯圆盘。"

裴涅尔说得很对，居住在克里特岛的米诺人是欧洲最早使用文字的民族，早在公元前两千年，那些宫殿的书记就已经用象形文字来登记注册宫殿中的库存产品。米诺人的象形文字有两种字体，一是图画体，多被刻在三边或四边棱柱的印章上，语句也很短；而另一种是线体，也就是图画体的草写体，多刻于泥板、泥棒、泥球或泥盘上，语句比较稍长。

它们一般起到封泥或档案分类标签的作用。但真正的文献是写在羊皮纸、纸草或棕榈叶上的，它们都被装在木箱里，随着年代而腐朽坏掉了，而那些刻在泥土上的文字却能保存千百年。这些象形文的铭文主要被发现在三座大宫殿的档案室里，数量也很少，在现今所发现的三百多件象形文的铭文中，泥板数量非常稀少。由于象形文的泥板数量很少，字数也有限，所以破译起来十分困难，到现在也没人能解读成功，而现存字数最多的象形文铭文，就是这个赤陶土的圆盘了。

近年来有很多学者都认为，圆盘上面记载的是某种神秘的古代天文历法，但没有任何学者能解读出这些文字图案的意义，所以这个假说也不太成立。由于人们没有在历史同期发现过任何像这样的文物，所以考古学家也不能对其内容做出什么有意义的分析来。

有人提出，为什么那时的米诺人要不厌其烦地制作出一套四十几枚的印章，而不是用颜色在泥土上书写，这样不是更加省事吗？就算是要大规模地制作某些文献，可又没发现任何其他文献，而且这些符号和克里特岛上的其他文字符号完全不同。

另有观点认为，这个圆盘很可能是外来的，比如来自安纳托利亚，因为圆盘上有个符号和安纳托利亚岩墓中的符号极为相似。如果真是这样的话，那圆盘上的文字就有可能是某种人们未知的非克里特语，不过除非能更多地发现这类东西，否则费斯托斯圆盘都只能是个费解之谜。

到现在，这件文物已经出土了一百多年，始终没人能解读圆盘上的符号是什么意义。就在 2011 年，专门研究伪造文物的美国考古专家艾森伯格博士在考古杂志上发表文章，说这些符号根本没有任何意义，因为它就是一个伪造的大骗局！

艾森伯格声称，这个镂刻着无人能解符号的费斯托斯圆盘，并不是什么公元前两千年的古物，而是意大利考古学家裴涅尔自制的赝品、并成功蒙骗了多名学者。裴涅尔总是渴望能找到令同行眼睛发亮的文物来，而且是比英国考古学家艾文斯发现米诺斯王朝最重要遗址——克诺索斯宫更厉害的古物，所以他就伪造了这个圆盘出来。

艾森伯格说："当初裴涅尔想的办法就是自己创造一个刻有无人能识象形文字的古物，很多学者欣喜若狂，还针对裴涅尔的发现发表过大量文章。"

一百多年来，无数学者企图能解读费斯托斯圆盘上的那些奇怪符号，考古学家们认为这些符号关系到希腊和埃及等古文明，十分重要。艾森伯格是为美国财政部与盖提美术馆工作的，他的主要职责就是进行古物的鉴定，他还说："伪造者的漏洞就在于，他用红土制造了这个切边太干净的圆盘，他不应该把圆盘烧得这么完美。而真正的米诺斯时代泥板不会被刻意烧过，最多只会被不小心烧到一个边角，裴涅尔很可能不知

097

道这一点。"

费斯托斯圆盘的两面都有一些由四五个小点组成的条状符号，曾经有一些学者把这个称为"使用自然标点符号最古老的例子"，但艾森伯格却认为："那不过是裴涅尔想误导别人的另一个诡计，也是伪造者经常使用的伎俩。"

现在这个费斯托斯圆盘被保存在希腊的"伊拉克里翁考古博物馆"中，希腊当局拒绝让艾森伯格在博物馆以外的任何地方对费斯托斯圆盘进行检查，理由是该文物太脆弱而不宜搬运。其实只要用最基本的科学年代检验法对圆盘进行光发热检验，就能证明艾森伯格说的是真是假，但希腊当局一直拒绝让圆盘受检。

真的也好，假的也罢，人们对古代人类文明确实知之甚少，到现在也许还有很多不为人知的文物遗迹，被深深地埋藏在某个地方睡大觉，还在等待着考古学家去发现它们，破解它们，这样人们才能对自己的过去更加了解。

梦境和预言

　　每个人都有过做梦的经历，内容从有到无，但有些人竟然会梦到未来即将发生的事情。梦境会成为预言，这是第六感在作怪，还是真有所谓的鬼神通灵？经常反复做同一个梦，到底是什么原因？它的内容又预示着什么呢？

　　居住在伯明翰的艾尔文并不是一个多梦的人，但在半年多的时间里，他却经常反复地被一个相同的梦所困扰。

　　在梦中，艾尔文身处昏暗森林，但月光把森林照得很清楚，艾尔文疯狂地逃跑，至于有什么在后面紧追，他完全不知道，只是在梦里拼命跑着。忽然前面出现了一条两岔路，就在他不知道要朝哪边跑时，耳边传来一个不知从什么地方传来的声音："左边，向左边跑……"

　　艾尔文没时间考虑，就向左边的岔路跑去，跑着跑着就惊醒了。这个梦他几乎每周都会做一次，内容基本相同，虽然这并不能影响到他的工作和生活，但艾尔文总想弄清楚为什么他反复做的梦是这个内容而不是别的。他甚至去看了心理医生和精神病专家，但这些人也提供不了什么实质性的帮助，最多也就是开些镇静剂类药物，而艾尔文根本不想吃药。

在 1989 年 8 月的一天，艾尔文和朋友到郊外旅游，他们带了帐篷，准备在河边钓鱼和露营。到了晚上，他的朋友不知道因为吃了什么，忽然肚子剧痛起来，无奈之下的艾尔文只好只身回家去找医生。半路要穿过一片小树林，艾尔文刚进入树林没多久，就感觉身后有两个人鬼鬼祟祟地跟着他，悄悄回头看，竟然是两个手持匕首的抢匪。

抢匪在看到艾尔文发现他们之后，干脆大步过来要行凶，艾尔文在林中拼命逃跑，跑着跑着，他越来越觉得这个地方很熟悉，忽然想起这就是他半年中经常梦到的那片树林！抢匪越追越近，艾尔文已经累得几乎跑不动，这时面前出现了一个两岔路口，艾尔文不假思索地朝左边拐去，勉强又跑了五六百米远，前面是一条次级公路，路边停着两辆汽车，还有灯光和帐篷，后面的抢匪明显也看到了这些，只好悄悄退去。

艾尔文逃过一劫，汽车的主人载着艾尔文回去找到朋友并把他送到医院。次日艾尔文带着几个朋友再次来到那片树林，从次级公路走到那个两岔路口，这回他选择右边的路，走了不到两百米，前面竟然是一条由岩石壁组成的死路。

这件事让艾尔文惊奇不已，如果不是他的心理医生和精神病专家知晓内情，恐怕没几个人会相信那是真的。

梦境是千百年来人们一直想努力搞清楚的一种生理现象，谁都做过梦，梦的内容也是千奇百怪，但相信很多人都有过奇怪的遭遇，比如来到某个地方或者做某件事的时候，就会觉得自己似乎以前来到这里，或者已经做过相同的事情，但仔细想却又想不起来。

2009 年，31 岁的克洛伊·梅奥在英国萨里郡伍斯特公园市一家医药公司做医疗设备经理，同时她也是一名有才华的画家。她刚从澳大利亚搬回英国，想自己创作一幅油画来装饰新家。当时仍是单身的克洛伊在油画中描绘了身穿红色连衣长裙的自己，和一名长有络腮胡子的英俊男子在树下恩爱地牵着手。当时的克洛伊并没有交过男友，油画中的"理想男友"模样纯粹是她根据想象描绘出来的。

几个月后，克洛伊通过交友网站认识了迈克尔·戈曼，他30岁，当克洛伊和迈克尔首次约会时，震惊地发现他居然和她油画中所描绘的那位"理想男友"长得一模一样！迈克尔看上去和她油画中的男主角就像用同一个模子刻出来似的。在两人通过网络相识三周年之后，他们俩终于结婚了。

克洛伊笑着对记者说："我做梦都不会相信，自己竟然会在油画里阴差阳错地预言了自己未来丈夫的长相，但我相信这一切都是命运的安排。"

梦中的某些现象是科学难以解释的，就算是最严谨的科学家也不得不承认，有时候梦似乎真能预知未来，虽然这种梦极其少见。对梦最有研究的人无疑是伟大的心理学家弗洛伊德了，他曾经说过："在十多年前，当梦和预言的问题首次进入我的视野时，我也感到很担心，因为我怕它们会让我的科学观受到威胁。如果这些神秘现象被证明是真的，恐怕现有的科学宇宙观就得被唯心论取代，但今天我已经不再这么认为。因为我觉得，如果我们认为现在的科学解释不了这些神秘的事件，那只能说明我们的科学还不够发达。"

因为弗洛伊德对梦的深入研究，因此很多人都愿意找上门来，对他讲述自己遇到的梦。1923年，住在奥地利的居民伊恩斯就对弗洛伊德讲过这样的一个梦："那天晚上我睡得很不踏实，梦到和母亲一起站在卧室里，而我们的床上却躺着母亲的一位女性好友的尸体。我和母亲都站在床前，母亲边哭边说'她是我最好的朋友'。醒来后我感到很疑惑，因为我想不通为什么母亲的那位朋友会死在我家里。可就在我做了这个梦的一个月后，我母亲因为心脏病复发而在睡梦中去世。当时我被她的喘息声惊醒，立刻通知医生，但医生赶到时母亲已经去世。然后我又通知了母亲的那位好朋友，她来到我家后，就站在那次梦中我母亲所站的

101

位置，她边哭边说'她是我最好的朋友'。"

对于这个梦，弗洛伊德曾经做出过解释："梦和现实的预言先不提，但梦的主人心里的潜台词已经很明显了，她不希望死的是自己的母亲，而是别的什么人。所以在她的梦中，床上躺着的是母亲的一个好朋友，而不是她母亲。"

还有一位美国妇女也曾讲过一个梦："我看见了一条漂亮的绿色大道，远处还有露天帐篷，地面上铺着地毯。我沿着地毯向前走，就像在婚礼上走地毯那样。我挽着一位近亲的手，很多人从两边围过来，他们不停地说'多么勇敢、多么勇敢'之类的话。我醒来后感到很奇怪，女人在婚礼上走地毯，有什么不能勇敢的？"

弗洛伊德对此的解释是："婚礼的场面和葬礼很相似，除了后者没有笑声。预言性的梦能看到未来的镜头，但有时会看不全，于是把葬礼误认为是婚礼。而且这个葬礼的死者与你是极为亲近的关系，所以人们说'多么勇敢'这类的话，是在安慰你，怕你难过。"

那名美国妇女不以为然，觉得弗洛伊德的解释很不着边际，因为她身边的至亲身体都非常健康。可不到半年，她的丈夫突然猝死，在葬礼当天，她看到的场景与那次梦中的居然非常相似。天非常冷，还下着大雪，地上铺着地毯，两边都是参加葬礼的人，还有一些露天的帐篷。有人走过来，看着她议论说："你看她有多么勇敢啊！"而这个时候，这名妇女正挽着弟弟的手。

大文豪雨果曾经讲过一个故事，说有人预言他邻居的儿子"将死在法兰西的王位上"，但那个穷孩子能力一般，怎么也不可能成为法国的国王。但后来在法国大革命中，这个男孩参加了战斗，又在战斗中负下重伤。有人把他扶到附近的一个大椅子上给他包扎伤口，但后来他还是死了，而这个大椅子就是法兰西国王的宝座。

梦能预言未来，这似乎是唯心主义的东西，现代科学一向不提倡唯心观。但这些无法解释的梦预言现象，是否说明现代科学也有它解释不到的领域？也许这其中有着并非唯心的合理解释呢？只是我们现在还没有能力发现它。

希特勒真的死了?

"二战"元凶希特勒是全世界公认的大魔头,他对犹太人的种族清洗令人生畏。德国战败后希特勒自杀在他的地堡中,但尸体却再也找不到了。有传闻说他并没有死,而是秘密被接到了南极,希魔真的仍然在世吗?可为什么他再也不出现?

1945年4月30日早晨,希特勒从柏林的地堡"狼穴"中慢慢走出来,他已经在地堡的地下室里躲了几个月。希特勒先是给前线司令打了个电话,从前线传来的消息是:"德军防线昨日全面崩溃,苏军的包围圈很难突破,依靠援军没有希望。"

放下电话后的希特勒神情木然,他平静地对高级侍卫官罗切斯·密施下达了最后一次指示:"我要在今天自杀,然后你应该知道要做些什么。我死后绝不能让任何人看到我的尸体,或者认出我的尸体来。"说完后希特勒叫来了军官沃尔特·瓦格纳,和他的情妇爱娃一起走进地下室。

在这名低级军官瓦格纳的主持下,希特勒和爱娃正式宣布成为夫妻,瓦格纳是证婚人。婚礼结束之后,三人出了地下室,希特勒和爱娃走进自己的办公室,并掩上房门。密施和希特勒的机要秘书、护士等人都呆住了，站在门口不知所措。不到五分钟，从房门内发出一声枪响，随后又从门缝传来一股火药味。这时大家都知道，希特勒自杀了。

其实早在 4 月 25 日，希特勒就已经开始为自己的死做准备。密施和大家冲进房间，看到了两人的尸体，希特勒用一把 7.65 口径的手枪击中自己的太阳穴，鲜血流淌在沙发和地毯上。而爱娃则紧挨着希特勒，她嘴角流血，双脚蜷缩，肌肉还在不停地抽搐着，旁边扔着一小瓶氰化钾。

按照希特勒生前的嘱咐，密施和大家将两具尸体用一条灰绿色的毛毯裹起来，抬到总理府花园的一个大弹坑里，再淋上军用汽油，然后用点燃的纸团掷在坑中，熊熊烈火顿时将两人燃烧。

5 月 4 日，苏联红军攻占柏林后又占领了第三帝国总理府，他们在后花园的一个大弹坑里发现两具烧焦的尸体，连忙上报给斯大林。而斯大林接到报告后却认为希特勒并没有死，而是想办法隐藏了起来，他也对美英领导人说了这个看法。当时的英国首相艾德礼也觉得希特勒没这么容易自杀，他还在 1945 年 6 月的波茨坦会议上说出这个推测。

在半信半疑中，苏联军官把焦尸中的男尸颅骨拿给希特勒的私人牙医，那名牙医立刻就认出了自己给希特勒做过的几颗假牙。但在 1972 年，他和德国作家马泽尔的谈话中又推翻了自己的说法。他说："其实当时我根本没法肯定那就是希特勒的颅骨，已经被烧得看不出来了。"牙医的助手也说了同样的话，而当初苏联尸检专家鉴定的最终依据，就是根据这两人的证词而下的结论。

怀疑之声四起，有学者提出，是一个倒霉的替身为"元首"而去死，那天希特勒和爱娃走进办公室，只有侍卫官密施一个人看到过死后的希特勒，其他人只看到裹在毛毯中的尸体被从办公室内抬出，而毯子里裹的到底是谁，没人知道。

所以有人说，当初在帝国总理府花园内发现的焦尸不是希特勒，但现在已没办法重新鉴定了，因为苏联的克格勃主席安德罗波夫曾经在1970年下达命令，把埋在前东德马格德堡苏军兵营里的希特勒和戈培尔尸骨挖出来，并彻底焚毁然后再把骨灰扔到河里，当时的操作过程记录，到现在还一直保存着。

现在回想起来，希特勒要想悄悄逃出柏林并不是什么难事。大家都知道，在4月30日希特勒"自杀"之后的当天午夜，有几万人悄悄逃出帝国总理府的防空洞，希特勒随便改个外貌，夹在人群中很容易混出去。在战争刚结束后的十几天，柏林的大街小巷到处都是无家可归的流浪者，根本没人注意这里面是否有希特勒。而且有个细节也很值得注意，希特勒在与私人秘书林格告别后，命令他想办法逃到美洲去，密施问为什么，希特勒回答："为了元首。"后来林格被捕，他在监狱里说，全世界只有他一个人知道希特勒之死的秘密，但永远不会说。

据说，希特勒本来想乘军用飞机逃走，但柏林所有的机场都被盟军炸毁，而他还能通过地铁的隧道逃走。当时有十几艘远洋级U型潜艇停泊在汉堡港口，那些艇长奉的命令只有一个，就是送那些政府要员撤退到安全的地方。

战后被捕的希特勒警卫队成员凯尔瑙在供词中称，他在5月1日那天还看到了活着的希特勒。次年9月，有一名小男孩在丹麦北海的海滨发现一只密封的漂流瓶，里面是一名德国U型潜艇水兵的求救信。信中说希特勒就在这艘潜艇上，他们准备开往纳粹德国设在南极的秘密基地，但潜艇不幸撞到沉船，艇底部破了个大洞，大部分船员都逃掉了，但希特勒所在的艇尾密封舱是完全封闭的，从里面打不开，又没人顾得上他。

"二战"留给世人的秘密太多了，在俄罗斯出版的《希特勒消失之疑案》一书作者列昂·阿尔巴茨基就根据史料对希特勒的自杀提出过疑问。而俄罗斯《共青团真理报》又以《希特勒淹死在潜艇里？》为题，发表了作者的话："我找了很多史料，最后我能做出的推断是，希特勒根本没有自杀，而是悄悄消失了。在1956年，德国行政民事法庭的审判们在听了近五十名证人的证词后，最终认定于1889年出生的阿道夫·希特勒公民已经不在人世。这一认定我倒是很认同，因为在1956年，希特勒确实已经死了。"

列昂·阿尔巴茨基的怀疑不是没有道理，希特勒在柏林总理府自杀一事，光目击者就有十几名，但他们的证词却都不一样，有人说希特勒是往嘴里打的枪，有人说打在太阳穴上，而苏联红军在总理府挖出的尸骨上发现，弹孔却是在脑门偏右侧。可能正是这个原因，苏联人才把希特勒的卫队长和副官关了十几年。

还有人怀疑说希特勒早在1943年就于空难中死掉了，后来的希特勒只是纳粹找了个和他长得很像的替身，用来稳定军心的。这种说法也不无道理，因为在1943年以后，最擅长演讲的希特勒再也没发表过一次演讲，而从1943年后的希特勒好像无法把持战局，他的军事才能也在一夜之间消失了。可如果真是找了个替身，那为什么替身会隐藏得如此之深？

最离奇的说法是希特勒在"二战"后很长一段时间都还活在人世间，有人说他在意大利隐居，有人说他在瑞士做修道士，还有人说他在英国当渔夫，甚至在20世纪70年代末还有人声称见到过希特勒。

在2001年，当时攻进总理府的苏联红军曾经把希特勒开枪自尽时所躺的沙发布给剪了下来，并一直保留着，他们请著名华裔犯罪学家李昌钰帮助鉴定沙发布上的血迹是不是希特勒的。李昌钰表示血型可以鉴定，但根本无法得知是不是希特勒的，因为以前没有希特勒血液的样本用来做对比。而莫斯科犯罪学实验室也发表声明，说沙发布上的血型与希特勒的真实血型不符，而且那具焦尸的大脑中也没发现什么弹痕。

无数电影和小说中都设计过相关的情节，有作家称希特勒逃到了南极，还建立了庞大的冰盖地下帝国，同时秘密研制高级武器。我们看到的飞碟之类的东西，都是希特勒团伙搞的鬼。当然这种说法更离奇，但希特勒的死亡之谜也确实值得永远怀疑。

第四章　怪异现象

　　麦田中经常在一夜之间出现神秘怪圈。美国军方的费城试验目的何在，造成了什么诡异后果？南美土著人非常落后，却掌握了令人体缩小的秘方。为什么很多人都能梦到相同的一名男子？梦游到底是怎么回事？为什么这五件价值连城的宝石是受到诅咒的？人在濒死状态下又将会看到什么、听到什么？

神秘出现的"麦田怪圈"

在麦田中，经常一夜之间就会出现神秘的压倒型线条，组成了一个个奇怪的图案。没人能解释它是怎么形成的，人为的因素好像并不大，到底是恶作剧，还是外星人在地球上搞的什么试验，它又有着什么样的特殊含义呢？

1647 年 10 月的某个清晨，英格兰约克郡小镇的一名叫格兰德的农民扛着锄头，照例来到麦田里准备开始秋季的收割工作。刚走到自家的麦田边上，格兰德就发现麦田里有点不对劲，跑过去一看，惊奇地看到麦田中有一大片麦子不知道被什么东西给压倒了，但并不凌乱，全都是朝同一个方向倒伏，甚至好像还有某种规律。

格兰德只是个农民，他哪里会想太复杂，气得大骂起来："哪个猪猡弄坏了我的麦田，到底是谁干的？看我不打烂他的屁股！"

一些同村的农民连忙跑过来，这时远处的麦田也有人高声喊："这里的麦田也被弄乱了，你们快来看！"

大家跑过去看，果然，另两户农民家的麦田也都被压出了大片的倒伏痕迹。所有人都不知道是谁干的，聚在一起议论纷纷，他们仔细看了看，发现麦田虽然有大片倒伏，但麦秆却完全没有破坏痕迹，每一根麦秆几乎都毫发无损地被压倒而改变了方向，看上去并不是人为践踏或由机械压制而成的。

中午农民们回家吃饭，格兰德从山坡上刚要转身，回头的时候却发现，远远望去，自己家的那片麦田倒伏的痕迹居然是一个巨大的太阳形图案。这是怎么回事？大家连忙都跑到山坡的高处去看，除了格兰德家麦田的太阳图案之外，另外还有几处奇怪的几何图形，有五个圆环套在一起，有巨大的螺旋，居然还有一个水母。

这回更无法解释了，这么巨大的几何图案，就算是人为的，也不可能在一夜之间完成，而前一天明明麦田中还什么都没有！

这就是最早的关于麦田怪圈的记载，当时人们不知道是怎么回事。麦田怪圈英文名字叫 CROP CIRCLE，基本都发生在麦田或农田上，由某种不知名的神秘力量把农作物压平而产生的大型几何图案。这种现象在 20 世纪 70 年代才开始引起公众注意，到了 80 年代初，英国人在汉普郡和威斯特一带屡屡发现此类怪圈，而且大多是在麦田里，所以正式将它们命名为"麦田怪圈"。

英国"二战"时期的很多军事文件中认为，这些"麦田怪圈"都是纳粹特工干的，在一批最新解密的英国军情五处作战文件中，某师团参谋长的观点就很惊人："在英国北部和西南部的麦田和玉米地里，陆续发现了大量来历不明的地面标志，怀疑是纳粹秘密特工的最新发明创造，是用来为纳粹轰炸机空投制造标记，或者为伞兵部队降落的地点提供记号。"

目前有大量麦田怪圈事件最后被证实是人为故意制造出的，但也有一小部分麦田怪圈中农作物的"平顺倒塌"方式和植物茎节点的烧焦痕迹并不是人力所能做到的。麻省理工学院的一些学生试图用自制设备来制造这种现象，但没能成功，所以对这一小部分麦田怪圈，仍然没有合理的解释，很多人因此提出，这些真正的麦田怪圈是外星人所为。

美国科普作家卡尔·萨根曾经提出过"萨根悖论"的理论,他说:"如果宇宙中存在着很多地外文明,那么我们的文明应该是很普通的,那些先进的地外文明就不需要经常来访问我们;但如果宇宙中的地外文明极少,那么地球文明在宇宙中就是很孤立的,那么其他文明发现我们的概率就更小。"

据说在英国,麦田怪圈经常出现的地方都成了旅游热点地区,每年能为当地带来上亿美元的收入,很多人认为,麦田怪圈就是在英国政府主使下偷偷制造出来的,目的就是为了能创收。怀疑者觉得,麦田怪圈应该是用木板压成的,在木板的两头系上绳子形成圈套,制作的时候用一只脚踩在木板上,再拖动木板压倒麦子,同时拉着细绳和圆心保持固定距离,就能制成一个圆圈了。在英国和澳大利亚,确实有当地人在制作麦田怪圈时被当场抓获的事情,那些制作者使用的就是这种工具。

但仍然有很多人相信,麦田怪圈大多数都是在一夜之间形成的,那么巨大的图案,只能是外星人的杰作。因为有很多目击者说,在一些出现麦田怪圈的地方经常会出现 UFO,目击过 UFO 制作麦田怪圈的人已经有数十名。

目击者杰夫说:"我看到那个飞碟在制作麦田怪圈的时间很短,也只有十几秒的时间吧!"他坚持认为,麦田怪圈是地球以外高等智慧生物留下的记号,"那种人为的麦田怪圈大多数都制作得很粗糙,而真正的麦田怪圈是巨大而又精致的,那些几何图案就算用计算机来计算,都精确无比,这可不是几个人用简单工具就能达到的。"

杰夫说得也很有道理,因为在很多麦田怪圈中,麦秆的折弯处会出现一些节点,那是生长结构改变导致的弯曲,而且在弯曲后作物还能继续正常生长,但人为用木板压制成的麦田怪圈,则完全无法产生这一现象。而且那些倒伏的麦秆还是分层编织的:它们间隔倒下,有时候多达五六层,但每粒麦谷仍然像精心安排过那样秩序井然。这些图形都是经过精确计算的，不管图形多么复杂，工程多么浩大，它们都是在一夜之间制成。

而且很多麦田怪圈对当年的土壤产生了深层影响，第二年这个区域的农作物生长时，影响还在继续，在航拍和卫星拍摄时就能明显地看出上一年麦田怪圈的轮廓，只是会变浅些，这个现象也是人类所办不到的。

但外星人是怎么制造麦田怪圈的呢？现在主要有两种猜测，一种说麦田怪圈是"印"上去的，因为曾经有人发现过打偏了图案的麦田怪圈；另一种说法是制作者并不是机器而是智慧生物，他们会用一种特殊工具来制作麦田怪圈，因为有时会在麦田怪圈上发现如"辅助线"一样的线条。

麦田怪圈经常在春夏两季出现，它遍及全世界，美国、澳大利亚、欧洲、南美和亚洲都发现过，有人说世界上唯一没有出现过麦田怪圈的国家只有两个：中国和南非。其实并不是这样，在 1998 年 1 月的黑龙江哈尔滨、2009 年的云南罗平和 2012 年 6 月的山东即墨都出现过，只是当地政府为了不引起猜测而避之未报。

很多时候，出现麦田怪圈的地方都是地球的磁场能量带附近，同时会伴随着电磁场减弱、电子设备甚至发电站失常、动物远离现场和举止失常等现象。

俄罗斯地质协会成员斯米尔诺夫长年关注着神秘的麦田怪圈现象，他决定解开这个谜团。斯米尔诺夫几次来到英国，他先从麦田里捡了很多荞麦秆，带回实验室，再把荞麦秆放进微波炉里，然后加入一小杯水，在六百瓦的高频辐射下经过了十二秒钟，荞麦秆发生了奇异变化。

所有试验的荞麦秆都在节瘤处发生了不同程度的弯曲，形状和在英国麦田里那些倒伏的麦秆完全一样。斯米尔诺夫得出了推断，那些麦田怪圈中的麦子肯定是受到了某种高频辐射，但从哪里来的高频辐射呢？斯米尔诺夫认为，也许是来自地球内部的磁场变化。

因为他同时调查发现，在麦田怪圈中的表层土壤中含有很多球形的磁性小粒，并且有固定的路线，只有在显微镜下才能看到，而麦田怪圈以外的土中却没有。怪圈内那些像烘干了的泥土中含有非天然放射性同位素的微量辐射，辐射比圈外增强了三倍。这些磁性小粒分布很均匀，离怪圈越远颗粒就越少。

以上这些解释，都有各自的优势和缺点，但还没有一种能服众的，也有人说是龙卷风的杰作，但龙卷风怎么可能制造出这么复杂的图案？很难想象，龙卷风能在麦田中绘制出水母的图案来！那么麦田怪圈到底是怎么形成的，和外星人有关系吗？恐怕只有天知道了。

费城实验

在1943年，美国海军在费城进行了一次绝密实验，本意是想让军舰能在雷达中隐形，却引发了一系列令人震惊的后果，到底是什么样的严重后果，令美国军方将此事隐藏了五十几年，而相关人员或死或疯，他们的命运和下场到底如何？

"能量线圈"尼古拉·特斯拉于1943年1月在美国纽约的一家旅馆中去世，他前脚刚死，后脚美国政府就来了，抄光了特斯拉所积攒的几千公斤科学资料，包括特斯拉生前负责美国军方时空探索实验"蒙托克计划"的珍贵数据。

九个月后的10月28日下午三点半钟，美国海军准备在宾夕法尼亚州东南部的费城进行一项绝密军事实验，这就是后来著名的"费城实验"（The Philadelphia Experiment），也属于"蒙托克计划"中的一个环节。参与者在费城附近的一个军事港口装置强力磁场发生器，再让一艘大型驱逐舰"埃德里奇号"停靠在军港中，军舰的主桅杆上安装有全向天线以更强地接收电磁场。这项实验是想利用超强磁场使光线偏转，看是否能对雷达发射出来的电波有同样作用，从而使军舰达到隐身的效果。

负责这项实验的是物理学家裘萨博士，他让人用两台分别装在军舰

115

两侧的强力磁场发生器同时工作，给停在船坞中的军舰增加数十倍磁力，让大功率的磁场发生装置产生强磁场包裹住舰体，看会发生什么事情。

裘萨博士站在距离军舰一百多米外的指挥中心，隔着玻璃用对讲机下达命令，实验开始，磁场发生器开始运转。站在军舰附近的工作人员和指挥中心的所有人都同时看到，强大的磁场改变了空气的光谱结构，空中飘起一层蓝雾。而在指挥中心的工作人员则盯着雷达屏幕，看是否能使军舰让雷达扫描不到，如果可以，那这项实验就成功了，这对美国人来说意义很大。

"军舰内部正常吗？"裘萨博士通过对讲机问军舰内部的操作人员。

操作人员回答："一切正常，只是有点头晕。"

裘萨博士没理会，继续命令工作人员加大磁力机的功率，隔着玻璃看到的蓝雾越来越多，慢慢包围了整艘军舰，工作人员惊喜地说："军舰从雷达屏幕上消失了，我们成功了！"

所有人都高声惊呼，就在这个时候，突然从扬声器中传出舰上人员的叫喊声，好像非常痛苦。裘萨博士连忙问："怎么回事，发生什么情况了吗？"

舰上人员并没有回答，随着扬声器中的惨叫声，突然有工作人员惊叫起来："军舰，军舰消失了！"

透过玻璃窗，裘萨博士看到那艘停泊在港口的军舰渐渐变淡，变成半透明，十秒钟后完全消失不见。所有工作人员，包括裘萨博士在内全都愣住了，他们万没想到眼前会出现这种情况，裘萨博士连忙下令关闭电磁发生器，终止实验。工作人员拉下电闸，电磁发生器慢慢停止运转，但港口中仍然空空如也，那艘军舰不知道哪里去了。

"这、这是幻觉吗？"裘萨博士自言自语地问。身处港口附近的两名工作人员看得清清楚楚，他们跑到调度室操起对讲机："裘萨博士，军舰不见了，军舰就在我的眼前消失了！"裘萨博士有些不知所措，他冲出指挥中心跑到港口，果然，蓝雾已经散去，在阳光照射下，港口的那艘巨大军舰好像是从空气中蒸发掉了。

裘萨博士无奈，只好打电话给"蒙托克计划"的新任负责人、物理学家冯·诺伊曼。负责人命令他立刻停止任何行动，也禁止任何人进出和破坏港口现场，他立即赶到。就在焦急等待中时，有人前来报告，说距离费城三百五十公里的弗吉尼亚东南部的诺福克军港突然出现了一艘驱逐舰，名叫"埃德里奇号"。

"什、什么？"裘萨博士完全不敢相信自己的耳朵，他连忙报告给冯·诺伊曼，后者让他立即乘军用飞机去诺福克军港查看。裘萨博士刚要前往机库，突然有人惊叫起来："军舰，军舰又出来了，快看啊！"

裘萨博士回头一看，果然，大型驱逐舰"埃德里奇号"又渐渐出现在港口中。工作人员连忙登上军舰，内部的景象令人震惊：船员中有的全身凝固不动，好像被冻牢；有人浑身都是蓝色的火苗，边跑边喊救命；有人躺在地上已经死亡，机械室因有很厚的铁板而屏蔽了电磁场，这里的五个人情况稍微好些，但也都精神失常，说着各种疯话。

船员被紧急送到蒙托克空军基地的军医院中，那些精神失常的船员显然是受到了强烈的刺激，但经过半个多月的治疗后都渐渐恢复了神志，可其他人全都不治而亡。全舰总共有三十二名船员，只有在机械室的那五个人活了下来。

在军方对这五人的秘密调查中，他们做出了各种奇怪的回忆："当时我眼前的世界完全变了，在漆黑一片中有很多五颜六色的彩虹和光线，我们的身体就像被一股巨大的力量给猛地吸走了似的。"

事件到这里还远没有结束，活下来的那五名船员中，在相当长的一段时间内，他们身上似乎仍然留有实验的反应。不管他们在家中或是外面，在饭店还是在街上走，都会毫无规律地在众目睽睽下突然消失，然后又再突然出现。这几人精神不振，痛苦不堪，而且每天的某个固定时间都会再次发疯，十几分钟后才恢复，而这个时间就是费城实验的时间。

除了人体，费城实验也造成了一些不正常的自然现象。在费城实验的同时，距离军港一百六十多公里的城镇本来晴空万里，却突然刮起强烈的飓风，天阴得像黑锅底，而且雷声隆隆，闪电和冰雹一齐出现。不单是气象，镇上的很多动物成群地涌上街头，它们撞破玻璃闯入居民家中，疯狂地大叫着。

而城镇警察署长的话更令人不解，他说："从 10 月 28 日以后，镇上几乎所有的犯罪行为都会集中在每天的下午三点半钟，而半个小时后就又恢复平静。这太奇怪了，所以我们想了个办法，在每天下午三点半钟开始，我们就会把那些经常闹事的不法之徒集中在警察局，半个小时后再把他们放出去，这样效果就好得多了。"

海军的领导们为了找到善后对策，连续开了四天会议，也没能取得什么满意的结论，只好先进行下一次实验。1943 年 11 月中旬，科学家们再次进行实验，为了防止再次出现人体伤害，这次只是用"埃德里奇号"装载货物。电磁场再次令军舰隐形了二十分钟，之后人们检查了"埃德里奇号"的船舱，发现有两部发电机不见了，而且船内控制室就像遭到了台风那样杂乱。

费城实验确实取得了巨大成功，但也出现了副产品，那就是远距离传物现象。但有关人员却无法掩饰内心的不安，后来负责蒙托克计划的冯·诺伊曼博士被调去参与"曼哈顿计划"。而为实验所建造的"埃德里奇号"正式作为军舰登记造册，又在 1951 年出售给希腊海军。希腊海军发现，这艘"埃德里奇号"的航海日志在 1944 年以前全都是空白的。

在费城实验后的五十年，相关绝密文件自动解密，人们才知道了整个事情的真相。费城实验在科学上具有深远意义，它不但证实自然界中的确有另外空间存在，同时也证明了人类和物体可以获得瞬间远距离移动的可能性。这也是研究神秘现象者津津乐道的事情，据说它还证明了爱因斯坦的"统一场理论"，和电磁时空弯曲的确存在，也许这能用来解释不明飞行物、百慕大魔鬼三角等各种神秘现象吧！

南美印第安"缩头术"

极为原始落后的南美洲印第安人，为什么却能掌握高超无比的缩头术？而这是连现代外科医生也无法做到的事情。他们是用什么样的神秘配方做到的，又怎样处理坚硬的骨骼呢？最奇怪的是，他们把人缩小到底是出于什么样的目的？

1913 年，几名英国探险家在伦敦考古学家范德尔的带领下，前往南美洲的亚马逊流域进行探险活动。他们走了巴西、秘鲁和哥伦比亚，最后来到厄瓜多尔境内，准备在这里停留一天，然后就回英国向伦敦考古协会汇报成果。

他们来到厄瓜多尔的希瓦罗（Jivaroan）地区，这里非常偏僻，到处都是热带雨林。为防出现危险，这几个人都随身带着手枪，结果在渡过一条河时遇到了当地的原住土著舒阿尔族（Shuar）人。双方因为语言完全不通而发生冲突，英国人在慌乱中开了枪，这把土著人给彻底激怒了，他们射出涂有剑蛙皮毒液的利箭，范德尔不幸中箭，不到十秒钟就死了。

探险家们只好仓皇逃命，好容易甩掉了土著人的追赶。他们在雨林中转了足有四五天，迷失了方向，如果不是背包里有压缩饼干，他们早就饿死了。后来几个人来到一片有很多岩石壁的地方，发现石壁上被人

119

工开凿了很多长方形的石洞，高度不到一米，每个石洞内竟然都放置着一具干尸！

这几个人吓了一跳，起初他们以为那只是假的，但仔细再看，这些干尸有男有女，姿态各异，全身赤裸。这时他们才知道，这些干尸并不是什么假人，而是真正的人，只是身高都不足一米，好像是天生的侏儒。

一名女探险家害怕地说："我们快走吧，不要看这些东西，要是再被那些土著人抓到，恐怕我们就会像范德尔那样了，我可不想死！"

大家刚要离开，突然另一名探险家惊叫起来，指着石洞中的一具小干尸，哆嗦着说不出话。别人以为他被吓傻了，正要劝阻，却在仔细看过那具小干尸后全都愣住了。那具干尸虽然已经被处理过，面容看不出本脸，但脖子上那串项链却明显是范德尔的物品。

有人壮着胆子把这具干尸从石洞中搬出来，仔细查看他脖子上戴的那串项链，项链还是原来大小，但范德尔那原本近一米八五的身高却已经被缩小了一倍。探险家们虽然害怕，但还是把范德尔的干尸勉强装在背包中，最后他们终于走出雨林，遇到一艘在河中打鱼的驳船，这才逃回英国。

他们把范德尔的干尸上交伦敦考古协会，当地政府和伦敦医学会也闻讯介入此事，开始对范德尔的干尸进行科学研究。他们发现，范德尔的尸体明显被一种成分复杂的药水浸泡过，他们通过透析范德尔脖子上项链所沾的干涸液体，化验后发现，里面有很多完全陌生的成分，不知道是什么东西。

长久以来，居住在南美洲厄瓜多尔、秘鲁等国境内的原住民，都曾经有过这种残忍的传统习俗。探险家鲁宾孙也说过，他的朋友去南美探险时，碰到过一个特殊部落，他们以猎取敌人的头颅来庆祝胜利。割下敌人的脑袋后，他们会用神秘的加工方式把头颅缩小成拳头大小，以方便保存。

而希瓦罗的原住民印第安人素以好战和残忍著称，他们也是全南美洲唯一没有被西班牙殖民者所征服的部族。如舒阿尔族人的男子到了16岁时，就要单独射杀一只树懒，再和长辈们学习把动物头颅或尸体缩小的技艺。每个舒阿尔人都熟悉这种技艺的每个细节，包括如何配制神秘的、关键的药水，有些原料只能在亚马逊河流和森林中找得到。舒阿尔人认为敌人死去后灵魂仍然会作怪，所以他们把敌人的脑袋缩小，这样就能永远压制住他们的仇恨。当然，这种残忍的做法也有复仇和羞辱的意思。

从1850年开始，寻找金矿的欧洲人就进入了亚马逊，那时的希瓦罗土著人用缩小的干制首级和欧洲人做生意，一个首级能卖到二十多美元。因为这种秘方的神秘性，因此医学专家们出高价悬赏南美土著人这种缩小人体的配方。在1920年，有人冒死潜入厄瓜多尔的希瓦罗地区，他设法救下一名差点被美洲豹吃掉的舒阿尔族人，得到了他们的信任，然后又在部落中住了一年半，后来舒阿尔人正式接纳他为本族人。

此人在一年半后偷偷得到了配方，逃回欧洲后高价卖给了医学会，但也有人怀疑这个配方是假的。因为配方并没有传说中那么复杂，说是舒阿尔人把要制成干尸的人或动物表皮涂满一层盐，挂在高处晾晒十天左右，用兽皮沾着玉米油把外表擦干净。随后用卡可树胶和龙舌兰汁以一比二的比例调匀，将人或动物泡在里面最少一个月后取出，再暴晒十天。最后是每隔两天涂一次卡可树胶，两个月后再浸在加过盐的尿液中半天，再晾晒十天。

这时的东西还只是半成品，舒阿尔人把半成品塞进被敲掉牙齿的公羊嘴里强迫它吞下，第二天给公羊强喂一种能腹泻的土壤，公羊会泻出半成品。再把这只羊宰杀掉，用羊血浸泡半成品十天，再挂起来暴晒七天，然后就成了最后的成品，这时的成品比最初的人或动物缩小了一半左右。

但伦敦医学会的人按照这个方法却并没能成功，而那个人坚称这就是真正的配方，肯定是医学会弄错了某个环节，或者用料不对，比如他说舒阿尔人喂公羊的是一种能腹泻的土，而不是医学会所用的泻药。对此，当时的医学会长门格松说："这简直是胡扯。土著人当然没有西药，他们只好找能代替泻药的东西，而我们都觉得，重点根本不在什么土，而是这个配方是假的，没什么效果。"

到现在为止，也没有人能掌握这种高超的缩头术，医学家们弄不明白，什么样的药水能让坚硬的骨头缩小，而且还是按比例缩小。在 1923 年，一颗缩小的人头被送到苏格兰麦克曼纳斯博物馆展出，这颗人头来自亚马逊西部丛林，那正是舒阿尔人的故乡，经苏格兰邓迪大学的法医系专家霍尔顿检验证明，头发和头皮都表明这是一个真正的人。

从 1950 年后，舒阿尔族人也开始渐渐与外界接触甚至贸易，猎奇心理让大批旅游者、探险家和收藏家都来到亚马逊，缩小的干制首级成了珍贵商品。

到了现在，舒阿尔人已经不再进行这种残暴的恶习，所以干制首级也越来越稀少。而在 2009 年，日本外务省"海外安全网站"正式报道了在厄瓜多尔的莫罗纳省和帕斯塔萨省都发现有数具无头的尸体，怀疑很可能是被舒阿尔族人杀死后拿去制成干制首级了，因此日本政府警告日本国民，在必须前往上述地区时，一定要注意安全。

这种神秘的、能缩小骨头的神奇配方直到现在仍然是个谜。

人体梦游之谜

做梦的时候会干出很多平时根本不敢做的事，甚至会超过人类的极限，这到底是什么原因造成的，是在梦中能获得无法解释的超能力，还是大脑的潜能在梦中被激发出来了？为什么恐高的人，梦游时竟能站在几十层楼的外墙而不害怕？

睡觉是地球动物的共同特征，目的是为了消除疲劳和恢复精力，一般睡着的状态都是一动不动地躺着，偶尔翻个身。但就是有那么一些人，他们在睡觉的时候还能起身、行走、吃喝甚至做事，很多还是平时根本完不成的复杂或危险事情，这就是梦游症。

1989 年 5 月的一天晚上，法国科隆居民雍·阿里奥熟睡后突然爬起来，离开妻子和 5 岁的女儿，乘火车来到英国伦敦。阿里奥先是在伦敦找到一份工作，然后又娶了当地人做老婆，又生了一个儿子。过了二十年的 2009 年，他在睡觉的时候突然坐起，连夜乘火车急匆匆地返回法国，掏出钥匙打开一直没换锁的家门。

次日早晨，阿里奥一觉醒来，他的妻子看到白发苍苍、已失踪二十多年的丈夫，悲喜交加地大哭起来，问："亲爱的，你这二十多年跑到哪里去了？"阿里奥伸了伸懒腰，若无其事地说："开什么玩笑！昨天晚上我不是睡得好好的吗？什么时候跑出去了！"

这也许是关于梦游时间最长的世界纪录了，但在 2010 年，美国心理学教授麦克德却说那件事不可能是真的，他指出："人类梦游最多只能持续四十六分钟，如果阿里奥真能持续二十多年一直梦游，那他肯定是个外星人。"当然，他的话也有人怀疑，因为很多人都自称梦游的时间早就超过了四十六分钟，有几小时之多。

在英文中，梦游是 Dream Walking，直译成中文就是梦中行走，梦游的行为多种多样，有人会在院子里打水扫地，到街上散步，还有人能敏捷地爬上高墙屋顶。而次日醒来，他们都会对头晚干过的事忘得一干二净。梦游是千百年来最难解释的一种人体现象了，医学专家们普遍认为，梦游是一种神经系统疾病，大多数病因都源于儿童时代，很多人梦游的内容都是儿童时代的所见所闻，或者是得不到的东西。

对于梦游的治疗方法，到现在也没有一个最有效的。医生经常会警告梦游者家属，千万不要打断梦游行为，不然会让患者昏倒，甚至精神错乱。而美国著名作家马克·吐温恶作剧式地对一名梦游患者说："只要你在床头的地面撒上一大把图钉，保证能治好你的梦游症！"虽然这个方法是馊主意，而且具有伤害性，但它却很符合心理治疗的最基本原理。因为目前治疗梦游症最好的方法就是厌恶疗法，通过病因分析，人们已经知道梦游症是一种象征性的愿望补偿行为，医生通过用厌恶疗法把梦游者从梦中叫醒，打破梦游者的行为定势，久而久之，此类下意识行为总是达不到目的，梦游就会逐渐消失。

比如有人在梦游的时候经常用手枪对准自己妻子的脑袋，但就是不扣扳机，可这种危险的举动让他妻子没有安全感。后来医生提供的治疗方法很简单，他让妻子睡在床外侧，丈夫睡内侧，每次丈夫起床梦游时妻子就会惊醒，妻子马上操起警笛，对着丈夫的耳朵使劲吹。尖锐的声音把丈夫惊醒，只用了两次，这名患者的梦游症就好了。

当然，很多梦游行为让人根本无法阻止。日本有一名梦游患者，已经五十多岁了，有严重的恐高症，家住在二十五楼。他经常在睡觉的时候穿着睡衣爬出窗外，用脚踩着高楼外墙那仅凸出不到三十厘米的砖垛，慢慢绕着高楼转圈。后来被家人发现，可根本没人敢叫醒他，因为这会让他吓得直接栽下去摔死。有时夜间风大，患者的身体还会随风左右乱晃，但就是摔不下去，家人看得心惊肉跳。后来在医生建议下，他家的窗户都装了铁栅栏，大门在晚上也由家人锁死，才治好了他的病。

2007年6月，居住在美国布鲁·斯普林斯市的女子安娜·赖安平时吃得并不多，但却患上了暴食症，体重超过了一百公斤。她很奇怪，于是医学专家用八台夜视摄像机来监视安娜夜晚入睡后的活动，发现她一个晚上竟然去了九次厨房，足足吃下超过2000卡路里食物！经睡眠专家斯科特·艾维洛夫医生确诊，安娜得的是"梦游暴食症"。

梦游不一定全都是坏事，很多科学家和艺术家也经常受到梦的启示，而得到梦寐以求的东西。著名物理学家波尔某天晚上梦到自己站在充满热气的太阳上，九大行星都用细丝拴在太阳上，并绕着太阳转动。波尔醒来后立刻联想到了原子模型的实质：原子核就像太阳固定在中心，而电子则像行星那样绕着原子转动，著名的"原子模型结构"产生了。

2009年3月，英国北威尔士的一名40岁男子哈德文在朋友家过夜时，他朋友的母亲深夜起来，发现哈德文竟然在她家的厨房墙壁上作画。朋友母亲很不高兴，第二天哈德文的朋友却发现这幅画极为漂亮，可据他所了解哈德文根本不会画画。从那开始，哈德文就经常性地在睡觉时爬起来梦游绘画，而且每幅作品都充满艺术灵感，看上去很棒。后来哈德文被称为"梦游毕加索"，现在他每幅画作的价格已高达五千英镑。

澳大利亚的一名二十几岁的男子是个快餐店的员工，平时做的都是送外卖的活儿，他受教育程度不高，日子过得也很拮据。某天深夜他在和女友睡觉的时候，忽然慢慢爬起来，打开灯，把女友书包中的高等数字习题拿出来铺在桌上，就开始伏案答题。他的女友醒过来，看到男友的行为感到很奇怪，又很可笑，但当他答完题继续上床呼呼大睡时，女友拿起习题一看，就再也笑不出来了——所有的习题全都被工整地解答出来，凡是她能看懂的题，答案全部正确。次日她把习题交给系主任，系主任逐道检查，发现全都正确！女友惊喜万分，以为这个没出息的男友是个数学天才，就再次让他帮助答题，可他完全看不懂这些题，从那以后，他也再没有梦中答过题。

这些现象让医学家们十分费解，他们只能解释为梦游中的人暂时激发了大脑的潜能，比如数学、绘画等方面的才华。

在一些戏剧小说中，也有很多关于梦游者的形象，莎士比亚著名戏剧《麦克白》中的麦克白夫人就是例子，她白天深藏背叛行为，而晚上在睡梦中却供认一切罪行。贝里尼在歌剧《梦游女》中的主角也是，她在睡眠中经常做出无辜行为，却遭受了各种白眼。

梦游到底算醒着还是睡觉做梦？这个在医学中一直没有定论。很多人倾向于睡着，但科学家发现梦游的时候通常都不是在眼球快速转动时。另外，人在梦游时经常会做出人意料的事，因此很多人以梦游为名行凶甚至杀人。在美国有一名男子扎了妻子四十四刀，后来以梦游为自己辩护，但最后法院还是判他入狱，而美国很多州的法律都有明确规定，梦游者仍然要为自己梦游时的行为负全责，就与喝酒时一样。人什么时候才能把梦游激发人潜能用于所有人呢？让我们拭目以待。

所有人都梦到的男子

这个存在于美国纽约某女精神病人梦中的男人形象，竟然有两千多人都声称在梦里见过他，这些人遍布全世界，有男有女，这到底是为什么？是他们真的见过这个人，还是这张普通得不能再普通的男人脸有什么特殊之处？

2006年元旦刚过，居住在美国纽约的精神病学家史蒂芬·林肯在自己开的心理诊所接待了一位女病人，也许这位女病人不知道，她成了世界上首位描述这一诡异事件的当事人。

这位女病人对林肯说："这几年，我经常在梦里梦到一个男子，他和我说话，也教我做事，给了我很多生活上的重要暗示，对我帮助非常大。我很信任他，甚至在和他相处的时候会有强烈的性欲，但他从不和我接触。"

林肯问："你记不记得他的长相？是否在现实生活中见到过他，哪怕只有一面？"

"没有，我敢保证从没见过他，我的记忆力很好，见过的人都不会忘记。"女病人回答。

虽然这种症状很普通，但本着对患者负责的态度，林肯还是根据女病人的详细描述,用电脑把这名神秘男子的长相给画了出来,并随手挂在黑板上。没想到的是,几周后来的另一名女抑郁症患者正和林肯交流病情时,忽然看到了黑板上的那张电脑画像,她立刻指着画像说:"对,就是这个男人,我经常能梦到他,就是他没错!"

林肯觉得有些意外,但也没有十分在意,他想也许那是一张大众脸的缘故吧。可在三个月内,竟有十几名女患者都声称做过类似的梦,梦中男子的脸就是这张画上的。林肯这才觉得事情没这么简单,他立刻把这幅画像打印了很多副本,并发给一些同行和医院,最后还挂在脸书和自己的博客中。

不到半年间,从各个渠道收集的消息证明,世界上很多国家的女心理疾病患者都称有过类似的经历,而且她们都没有在生活中见过这个人,总人数已经超过两千。

这名男子会以很多形象出现在人们的梦中,如受尊敬的长者、她们的丈夫或男友,甚至是圣诞老人,不管身份和职业有多不同,但他们却都长着那同一张脸。而且大多数做过这样梦的女患者也都表示,这个诡异的梦中男子非常值得她们信赖,他长得不帅,但外表看起来却很吸引人,甚至能引起她们的性欲。

此事的匪夷所思程度已经超过了任何人的想象,有人甚至还特地建了一个网站,寻找更多有过同样梦境的"同伴"。报名者越来越多,到目前为止,七年多的时间已经有近五万人在网站上报名认同。这个奇怪男人的出现究竟意味着什么?这到底是真实现象,还是精心策划出来的骗局?

从画像上看,这是一名西方白种人男子,此人嘴大,眉毛很粗,还有些秃顶,面相看上去很和善,似乎应该是个性格开朗幽默的男人,年纪不超过 40 岁。这人既不是明星也不是名人,经网友辩论,甚至没有一名稍微出些名的人或者富翁是长成这样的,换句话说,世界上几十亿名白种男人当中，竟然没有一个人长成这样。

对于这一奇怪现象，研究者比较倾向于这么几种解释：

有人说这名男子就是集体意识中的原型，根据分析心理学创始人荣格的心理分析理论，这个男人是一个典型形象，他藏于人的集体潜意识当中。在某些特定情况下，这个形象就会被激发出来。比如一件艺术作品能激活人类集体潜意识的某一部分，使我们感觉到、看到或听到人类深层本源的意象，并且形成顿悟。

有人说这名男子就是上帝，他是造物主的具体形象，所以为什么那些做梦的女人都会听从他在梦中说的指示和话，而且大多是对了，这也能侧面证明上帝的真实存在。

也有人说此男子是一个具有超能力的人，他是存在于现实生活中的，拥有能进入别人梦中的能力，这很像美国电影《梦境》，或者是《弗莱迪大战杰森》一类的创意。甚至有人觉得，这个人很有可能属于某个庞大的地下组织，他们专门进入别人的梦中。

但最多的认同是心理暗示理论，很多人其实并没在梦中见过那个男人的脸，只是后来偶然听说了这件事，又看到这张脸的图片，结果之后晚上做梦就梦到了他。另外，还有一个比较能令人接受的说法。人们通常很难记得梦中陌生人的长相，而此男子刚好又长了一张大众脸，所以那些人就很容易地把"他"认为是自己梦到过的某个男人。

这张图片最先出现在意大利的 thisman 网站，由于此事太火，该网站的官方负责人最后不得不关闭该帖。这引起了一些批评人士的推测，他们说在这个事件报道的背后肯定隐藏着什么秘密行动。因为世界上所有关于这个奇怪男人脸的报道都来自 thisman 网站，而该网站又是意大利一个著名的营销专家注册的。这名专家特别热衷于那些超自然现象的话题，比如不明飞行物等等。

不管怎么说，这一带有神奇色彩的事件如今已经广为流传，但真实性还不得而知，疑点也很多。为什么亚洲人没有相同的经历，为什么梦到的都是女人，而且都是有些精神类疾病的女人？为什么这个男子还是秃顶，而秃顶又恰恰是大多数女人最讨厌的男人特征之一？这些都无法解释，但有一点能肯定：这件事肯定与人类心理的某种秘密有关。

附图：这就是那名诡异的、出现在几万名西方女人梦中的脸，你梦到过吗？

被诅咒的五大宝石

宝石是没有生命的东西，却会给人带来厄运，甚至杀身之祸。这只是无根据的传说，还是被巫师神汉施了什么法术，或者是某种神秘奇特的物质，能令人改变命运？这五大宝石究竟有什么魔力，能让拥有它们的人全都倒霉？

第一位：希望之星

这块巨大的深蓝色钻石又名"蓝色女王"，是在印度的钻石矿场被发现的，经过粗糙加工后，其重量也有112.5克拉，三百多年来，它给拥有者带来的厄运比所有巫师的诅咒还多，因而又有"神秘不祥之物"之称。在路易十四时代，法国珠宝商塔沃尼在印度从当地王公贵族手中用几十块翡翠换来这块钻石。塔沃尼后来在俄国被野狗咬死，这块蓝钻被法王路易十四的手下买走，被法王更名为"王冠蓝钻石"。

法王路易十四把这块大钻石重新切割成自己喜欢的鸡心形，重量为67.125克拉。没过多久，法王路易十四最宠爱的孙子突然暴死。钻石传到路易十六的手里，他得到这块"王冠蓝钻石"不久，就与王后玛丽·安托瓦内特在法国大革命中被送上断头台。到了1830年，这颗失踪三十八年之久的巨大蓝钻石又出现在荷兰，被钻石切割商人威尔赫

131

姆·佛尔斯所拥有。后来佛尔斯的儿子汉德利克从父亲手中把钻石偷走并带到伦敦，但汉德利克突然在伦敦自杀，原因未知。

又过了几年，英国珠宝收藏家亨利·菲利浦用不到十万美元的价格买到这颗大钻石，从此把它命名为"希望之星"，可能是希望给自己带来好运的缘故。在1839年，菲利浦暴病而亡，他侄子托马斯·菲利浦继承了"希望之星"，他可能害怕自己会倒霉，于是把这颗大钻石送到水晶宫展览馆永久展出，据说托马斯后来没病没灾，寿终正寝。

第二位：光明之山

古印度教经文中有这样的文字："它是光明之山，谁拥有它就能拥有世界，但也要承受它所带来的灾难。除非上帝或女人拥有它，才不会得到任何惩罚。"

这颗大钻石也出产于印度矿，最开始属于因修建泰姬陵而闻名于世的莫卧儿王朝第五代皇帝沙贾汗。沙贾汗的十几个儿子为争夺王位而自相残杀，其中一个儿子用利刃逼着父皇从孔雀御座上滚下来。沙贾汗被软禁在旧都阿格拉的皇宫中，到死再也没见到太阳。后来钻石于1739年被波斯皇帝纳迪尔夺走，带到当时的国都伊斯法罕城，从那以后，伊斯法罕城就没得安宁，波斯皇帝害死了很多无辜者，在1747年，纳迪尔于熟睡时被仇敌暗杀。

纳迪尔死后，他的继承人阿迪尔得到了这块"光明之山"，但他也继承了纳迪尔的残暴。阿迪尔的兄弟把哥哥废掉，但自己又被另外一个兄弟废掉，波斯王室从此陷入自相残杀的连环套，几乎每一代君主都不得好死。

到了1849年英国吞并印度的旁遮普战争中，英国总督戴胥勋爵把宝石夺到手，但他害怕同样的命运降临在自己身上，就决定遵循古老经文，把钻石献给一个女人——英女王维多利亚一世，英女王很高兴，把钻石镶在王冠顶部的十字架上。经文果然是预言，拥有"光明之山"的英女王什么事也没有，直到现在，英女王伊丽莎白二世仍然活得很好，也许什么时候英国有了男性国王，可能预言才会灵验吧！

第三位：圣甲虫珠宝

这是一件纯金制成的饰物，上面还镶嵌着红蓝宝石，它属于著名的埃及法老图坦卡蒙，众所周知，图坦卡蒙在得到这件饰物后不久就死了，终年才不到 20 岁，那件圣甲虫珠宝也跟着埋进他的那口巨大的纯金棺椁中。

后来图坦卡蒙的陵墓被英国考古学家挖掘出来，这件宝物又重见天日，它被人盗走后在埃及各种渠道流传着。先是一名南非的海员从赌桌上把它赢到手，再带到南非。海员把它送给了自己的女儿，不久海员就在一次出海中落海身亡，海员的尸体被冲到海岸沙滩后的第五天，他女儿突然死于白血病。

海员的妻子认为这件圣甲虫珠宝遭到了诅咒，会给他们一家带来更多厄运，于是把它转卖给一名南非妇女。不幸的事再度降临，这名南非妇女的女儿也死于白血病！妇女悲痛万分，准备把这枚珠宝卖掉，卖主已经找到，就在双方交易的前一天晚上，她的丈夫突然在睡梦中猝死。

如此不幸让这名妇女再也不敢拥有这件珠宝，她向埃及文化部写信求助，希望埃及政府能派人把这件法老墓穴中的饰物收回去，好帮助她解除可怕的"法老诅咒"。埃及文化部将圣甲虫珠宝放在开罗博物馆中，用玻璃框密封起来。

第四位：梵天之眼

这是一块极其罕见的黑色钻石，全世界仅有一块，而且它最初的重量是 195 克拉，在十八世纪中叶被安放于印度朋迪榭里寺庙中的印度教神像梵天的额头中央。后来一名贪财的僧侣在夜晚悄悄偷走，僧人也离奇失踪，至今生死不明。

不知道什么时候，这块巨大的黑钻石到了俄国公主纳迪亚和李奥妮拉手中，这两位公主得到后没多久就相继于1947年自杀而死。美国纽约的珠宝商帕里斯用高价买来这颗钻石，转手交易后赚了一大笔，可帕里斯却在某天突然自杀，最离奇的是，这三个人的死因都是从楼上跳下去摔死的。

为了破除神灵的诅咒，新的拥有者把"梵天之眼"分割成三块，大的约有89克拉，小的也有54克拉，分别被世界各国的民间收藏家所收藏。分成三块之后的黑钻拥有者们都躲过了所谓的诅咒，所以这颗梵天之眼的诅咒已经无效，收藏家也不用再担心发生不幸。

第五位：西蒙魔镜

1987年，法国古玩收集协会突然召集巴黎各大报社的记者开了一次新闻发布会，会上郑重发布了一则奇怪的警告："请古董收藏家们注意，千万不要买下一面有两百五十多年历史的、边框写有"西蒙·克伦威尔 -1743"字样的镜子。原因很简单，自从这块镜子诞生到现在的两百多年里，已经有总共四十人因为看过它而死去。"

这面镜子被称为"西蒙魔镜"，生产日期是1743年的6月25日，制镜工匠名叫西蒙·克伦威尔，同时他也是第一位被害者。西蒙做了一辈子镜子，就在他制作完成这面镜子的两天后，突然一头栽倒在工作间，死因不明。

工匠虽然死了，但镜子还得卖，它被送进了饰品店，一名叫得塞默的面粉店老板在商店为妻子挑选生日礼物，一眼就看中了摆在最上层的这面镜子，尤其是镜子所用的木材花纹非常奇特，让他毫不犹豫地掏钱买了下来。当天中午，得塞默当着妻子的面点燃二十五支生日蜡烛，然后神秘兮兮地从包装纸中拿出这份神秘的礼物。他妻子双手捧着这面异常精美的雕花镜子，对着窗外的阳光仔细端详，喜悦得差点跳起来。可还没等得塞默洋洋自得，突然他妻子的身体剧烈摇晃起来，一头栽倒在地板上，等医生赶到时，她已经停止呼吸了。

在之后的两百多年间，这面"西蒙魔镜"已经杀死三十八人，死者都是在得到镜子后三天内突然遇难，而且死因不明。大家都说镜子是有魔力的，谁照镜子时间长，镜子中的魔鬼就会趁机把人的灵魂给吸走。

到了1989年，伦敦植物学家奥尔本戴上防毒面具后对镜子进行仔细检验，终于找出了"西蒙魔镜"的杀人原因。能杀人的其实并不是镜子，而是木制镜框，该镜框是用一种源自非洲刚果的树木"龙牙花"的树干制成的，这种树存在于四十万年前，现早已灭绝，它为了防止病虫蛀，便进化出了一种功能，树干在阳光的照射下会散发出有毒气体。因此任何人在近距离观看这面镜子时，就会被毒气迅速侵蚀脑部，最后脑血管破裂而死。

第四章　怪异现象

濒死体验

人在身体极度危险或临近死亡的时候，会看到什么，听到什么，身体会发生什么样的变化？各种奇异的光、已经死去的亲人、脱离身体而出的灵魂、天堂和上帝……为什么濒死者会看到这些场景，是机体的生理幻觉，还是心理问题？

美国纽约州安大略湖边的汤姆·索耶与马克·吐温名著中的男主人公同名，家在罗切斯特市。他身材又矮又壮，文化程度一般，有两个可爱的女儿，几年来一直在家对面的汽车修理厂当机械修理工。

2001年9月16日，索耶钻入一辆小型载重卡车的底盘下进行修理工作，突然顶着卡车底盘的千斤顶脱落，三吨多重的卡车死死压住他的腹部。索耶大声惨叫，马路对面在花园中玩耍的两个女儿连忙跑过来，看到父亲已经被汽车压扁，都吓得说不出话。但索耶眼睛还睁着，神志也还清醒，他连忙告诉女儿向别人求救。

很快消防队就赶来了，他们用抓斗放在卡车底盘下慢慢启动绞盘，三吨重的卡车慢慢抬起，但索耶已经失去知觉，呼吸也没有了。解救索耶的全过程持续了十分钟，对索耶来说，这是极度痛苦的十分钟，因为他的意识始终清醒。事件之后，索耶回忆道："当时就像有一根烧得通红的粗铁棍插进我的胸部和肚子，然后铁棍在我肚子里来回地搅，好像要把我的肚子搅烂似的，就是在受酷刑一样。"

救护车开始启动，但索耶的心脏也停止跳动了。医生在医院用救生法全力抢救索耶，终于把他从死亡线上拉了回来。内脏多处严重受损的他，因为抢救及时和身体素质好，在休息了整整四年后再次坚强地站了起来。

2005 年 5 月 4 日，汤姆·索耶在纽约开了一次新闻专题招待会，有近百名记者参加，他在招待会上首次对外界描述了那次濒死时的所见所闻，这是近年来最完整的一次典型的濒死体验实例。

索耶说："消防队员用抓斗解救我的那几分钟，我的神志一直是清醒的，但极度疼痛，那种感觉简直比死还难受。但从他们把我从车底下抱出来的时候，我却忽然感到一种从没有过的舒服和轻松。好像我的身体已经被分成两部分，在消防队员的手上的只是个空壳，而另一半像灵魂似的在空中飘，脚并没有站在地上，而是有几米的距离。

"我看到消防队员们都挤在工厂车间里，又看到救护车在马路上快速倒车，很多人手忙脚乱地把担架塞到车里，我的两个女儿在旁边哭得厉害，邻居把她们拉住。路边挤满了人，什么表情的都有。开始我觉得自己的脚只距离地面几米左右，后来就慢慢升高，十几米到上百米，越来越高……

"我看到那辆救护车在公路飞驰，正当我要仔细地看时，这些景象却忽然消失了，我被推进了一个巨大的黑洞里，但我却并不害怕，仍然感到很安宁。有一股力量拖着我朝前飞行，不时地还被挤压和碰在黑洞的四壁。我在心里问自己，我到底是活着还是死了？然后我又想，肯定是死了。这时突然面前出现一丝很细小的光线，就像天上的一颗星星，而光线越来越强，最后变成一轮快速上升的太阳，巨大的、发红光的圆球。

"我看着这个发光的圆球，一点也没觉得刺眼，反而感到很快乐。越接近太阳，我对宇宙的认识好像就越深。我觉得一生中从没有像现在这么专注，忽然我已经去世的父母都在洞口出现，他们身材高大，浑身发出彩色的光，头顶上还有光轮，就像耶稣的形象那样。他们笑着向我走过来，这时我的脑海中一幕幕闪过那些人生中的重大经历，比如过生日、高中毕业典礼、订婚仪式和婚礼……最后这些光线不断融合，我感觉到无法形容的舒适和心醉。我好像和宇宙融为一体了，很多美妙景色在眼前闪过。这时的我反而很清醒，我觉得自己就是这些美景，就是森林、高山、河流、天际和银河……宇宙的秘密都在我面前。"

汤姆·索耶在记者招待会上说的这些话，被众多各报记者忠实地记录下来，并且发表在各大报纸上。这些话的内容引起巨大反响，因为很多有过濒死体验的人都纷纷表示，汤姆·索耶的这些经历与他们的完全相同，只是有的没有索耶这样丰富。而这些还不是最奇怪的，现在的汤姆·索耶无论从精神还是智力上，都发生了巨大变化，原本的他只有高中学历，尤其对理科几乎一窍不通。但现在的他却狂热地迷上物理学，尤其是量子力学。他从毫无物理学基础到在大学自修了物理学硕士，只用了不到三年时间。

索耶对记者说："经过了那次事故后，我在感到和幻觉中那些神秘光线融合的瞬间，忽然感觉自己马上掌握了物理学的全部知识。而我在大学里自修时，就像是把那些知识从记忆中再找回来似的。"汤姆·索耶的这段经历为全世界精神学、医学和心理学都提供了珍贵资料，为了感谢他，全美心理学协会还特地授予索耶"特别贡献奖"的勋章和证书。

濒死体验是一项跨越众多学科的课题，很多人在危急关头，尤其是生命垂急时都有类似的经历。有时这种经历是超自然的，无法用现代唯物科学论来解释，因此被很多人斥为怪力乱神。但这种现象是客观存在的，而且已经被各国医学专家所承认。

圣路克斯医院坐落在美国科罗拉多州的丹佛市，该院的心血管科主任弗雷得·斯库恩梅克医生曾经在 1995 年 4 月记录过一位女病人经历濒死体验时的过程。这名病人是先天性盲人，从生下来就没看到过任何物体和颜色，但她却在某次病危时感到"灵魂离体"，而且还能"看到"病房中有十四个人。虽然她没有颜色的感觉，却在这次灵魂离体时清楚地"看到"了各种颜色，并能准确描述手术室中那十四个人都在做什么。斯库恩梅克医生说："最不能解释的，就是那位女病人的描述与事实完全一样，就像她忽然生出了眼睛。"这段记录被记载于 1997 年美国《濒死体验研究》专刊的第 89 页。

对濒死者能感觉到各种奇怪情景的这种现象，专家学者们各执一词。大部分人认为，濒死体验大多发生在心脏停止跳动之后，求生是人类最大的本能，心脏停搏后，大脑供氧也停止了，大脑就会自动启动"防御机制"。这时的大脑会分泌大量神经传递素，神经传递素释放出无数影像和感觉信息。其实这些信息原来都是存于患者自己的大脑记忆库中，所以很多有濒死体验经历的人看到的都是经历过的场景。

世界民意测验研究所在全美进行过一次调查，结果令人震惊，有八百多万美国人都声称经历过"濒死体验"！

心理社会学家肯尼斯·赖因格认为，濒死体验一般都有五个过程。先是安详和轻松，觉得自己随风飘，内心平静和放松；紧跟着灵魂会飘出体外，觉得飘到了天花板上或半空中。很多人在这时会在远处冷漠地看着医生们正在忙碌地抢救自己的躯体；然后是通过黑洞，并在黑洞里飞速前进，而这时的心情更平静；再是遇到亲人和好友，他们会在洞口迎接，有的是活人，有的早就死去多年，但都是关系极近的人。他们的形象全都高大和绚丽多彩，还有光环萦绕；最后的过程是和宇宙融合，觉得自己和宇宙合而为一，并自以为掌握了宇宙全部奥秘。

除了这五大过程之外，有濒死经验的幸存者还提出了醒悟、与世隔绝、时间停止甚至被阎王爷审判等经历。濒死体验甚至还流行于学校中，成为某些人热衷的游戏，他们希望能在体验中获得快感，这是极度错误和愚蠢的。主动性濒死体验非常危险，全世界各地每年都有数百人死于濒死体验过度，千万不要效仿！

第五章 历史悬案

几百年前的预言家竟然知道"二战"和希特勒？千年冰川中发现的干尸被下了什么样的诅咒？中古时代的地图为什么能准确绘出只有用卫星才能看到的大陆架？1969 年美国登月事件是伪造出来的吗？南美洲印加人有没有一座黄金造成的城市，它又在哪里？莎士比亚是后世伪造出来的吗？"泰坦尼克号"的沉没竟然是个大阴谋？

神秘的预言者

　　法国著名的大预言家诺查丹玛斯到底是什么人，他为什么能预知几百年后世界所发生的一系列大事，是神的旨意，还是他有特异功能？那些预言中有多少没有实现，而其他那些能够预知未来的人，又究竟是怎么做到的？

　　诺查丹玛斯是法国籍的犹太裔医生，去世已经四百多年了，他精通希伯来文和希腊文，后来成为世界著名的大预言家。他在 1555 年出版的《诸世纪》一书中，写下了由四行诗组成的大量预言，在后世被人发现一一灵验。比如法国大革命、希特勒、美国 911 事件和飞机原子弹等的重大发明，甚至还有戴安娜之死、美国"挑战者号"航天飞机爆炸。

　　因为诺查丹玛斯预言的神奇性，几百年来吸引了世界各地的大量崇拜者，到现在《诸世纪》在西方仍然畅销。

　　起初，诺查丹玛斯只是一名医生，在 22 岁时，他在意大利的街上遇见一位年轻的修道士，名叫菲利斯·柏瑞迪，此人在半年前还是个猪倌。可诺查丹玛斯却立刻向他跪下，并称这位修道士是"圣洁的主教大人"。后来，柏瑞迪确实成为了新任主教——塞克图斯五世。

　　从那开始，诺查丹玛斯的预言能力就开始展露出来。他所居住的城市领主叫弗罗朗比尔，当他得知诺查丹玛斯的预言能力时，就派人传唤诺查丹玛斯，并随意指着院里的一黑一白两只猪仔说："请你卜一下它们的命运吧，让我看看你的预言能力。"

诺查丹玛斯回答："那只黑色猪仔会成为您的晚餐，而白色的会被狼吃掉。"

弗罗朗比尔哈哈大笑，立即让厨房杀掉白猪当成晚餐，可他的一名家臣养了一只小狼仔，竟把猪肉都给吃光了。厨师无奈只好偷偷又杀了黑猪仔，做成菜肴端上餐桌。弗罗朗比尔得意地说："你看，这就是那只白猪仔。"

诺查丹玛斯却说："这肯定是那头黑猪。"领主气得把厨师叫来证明，心虚的厨师却招供了实情，此事让领主目瞪口呆，而诺查丹玛斯的名气更响了。

1555年，诺查丹玛斯完成了预言集《诸世纪》，该书用了法语、普罗旺斯方言、意大利语、希腊语和拉丁语等多种语言，时间顺序也故意打乱，也许是为了逃避教会找麻烦。预言集引起极大反响，直到几百年后，连希特勒和纳粹都对诺查丹玛斯有了兴趣。在1940年，德军用飞机撒下大量的伪造的诺查丹玛斯预言，内容是希特勒必然胜利，而战争也不会波及法国，此举是为了从心理上瓦解敌人，当然没什么用处。

诺查丹玛斯在书中预言了很多20世纪重大事件，最主要的有这么几个：

"年轻的狮子将战胜年老的，在一场单对单的战斗里；他将刺破金笼中的双目，两个伤口合成一个，然后他死于残酷的死亡。"

这个事件发生于预言之后第四年的1559年，法国国王亨利二世（年老的）在巴黎某竞技场参加了一场竞技比武，对手是比他小六岁的卫队长、伯爵蒙哥马利（年轻的狮子，两人的盾牌上都绘有狮子图案）。在决斗比武中，蒙哥马利的长矛刺中亨利二世头上的黄金护目甲，盔甲碎成两片，其中一片扎在国王眼睛上（刺破金笼中的双目），另一片下落时也扎在伤口上（两个伤口合成一个），国王在经历十天的伤痛折磨后死亡（然后他死于残酷的死亡）。

"伦敦在呼唤到处流动的血，六十六年的大火熊熊燃烧；贵妇从椅子上滚下来，同族也将被人杀死。"

此事说中了发生在1666年9月2日的伦敦大火灾（六十六年的大火）。当时是伦敦布丁巷的托马斯·法里纳面包店起火，火势借着大风迅速蔓延，一直烧了三天，最后把整座伦敦城烧成灰烬。因为紧急疏散（贵妇从椅子上滚下来），所以只死了六个人，却有无数老鼠被烧死（到处流动的血）。

"受奴役者放声歌唱，怒吼出苦难的心声；王侯贵族被投入牢狱，无头的狂徒祈祷吧，末日即将到来。"

1789年，法国人无法忍受贵族统治，开始起义。大量农民（受奴役者）占领巴黎，强迫统治者答应他们的一切要求。贵族们（王侯贵族）被剥夺政权后关在巴士底狱（牢狱），法王夫妇最后还被送上了断头台斩首（无头的狂徒）。

"PAU、NAY、LORON将由血变成火，而炮火多于流血；他拒绝喜鹊进入，在德兰斯把他们关进囚笼。"

这一段很明显，PAU、NAY、LORON是在法国南部的三个镇名，组合在一起无疑就是拿破仑了。一语道破了拿破仑的名字。非贵族血统的拿破仑（炮火多于流血）拒绝与他关押的罗马教皇庇护六世和七世谈话（拒绝喜鹊的进入）。

"来自西欧深处贫穷人家的孩子呱呱落地，他靠三寸不烂舌让人如坠迷雾；他的名声远扬东方国度。"

"饥饿残暴的野兽在挣扎，Hister兵败如山倒纷纷投降；野兽在笼中团团转，日耳曼的子孙再也不相信他。"

1889 年希特勒出生在西欧一户穷人家中（来自西欧深处贫穷人家），"一战"之后希特勒搬到德国，凭借高超的演讲才能得到权势（三寸不烂舌）。开战后的希特勒在东部和日本结成轴心国（他的名声远扬东方国度），而 Hister 被认为是 Hitler 的错误拼写。德军进攻法国（饥饿残暴的野兽在挣扎），但最后纳粹还是失败了（日耳曼的子孙再也不相信他）。

"七人从伙伴中分离，判断和劝告已经无用；他们的命运在出发时就分隔开来，咔嚓，咣当，他们被死神追逐，最后散成碎块。"

1986 年 1 月 28 日，美国"挑战者号"航天飞机在起飞升空 73 秒钟后爆炸，机身碎成无数碎片（最后散成碎块），机上七人全部遇难（七人从伙伴中分离），包括一名全美选出来的女教师，全球有十几亿人通过电视卫星转播目睹了这一惨剧。

"源于地心的惊天动地之火，使新城颤抖不止；战争带来的两个灾难会持续很长时间，到时阿瑞梭莎在新河也会感到脸红。"

这段预言明显是在影射美国"911 恐怖袭击"事件。那是 2001 年 9 月 11 日上午，纽约（New York 意为新城）的标志性建筑世贸中心双子大厦（两个灾难）遭到塔利班飞机袭击。

"伟人将在这天被闪电击倒，一封请愿书预示着恶行；根据预言，另一个人将在晚上死亡。兰斯、伦敦会起冲突，而托斯塔纳则会有瘟疫。"

美国总统肯尼迪于 1963 年 11 月 22 日下午在演讲途中被杀手枪杀（被闪电击倒），在这之前，白宫曾经收到很多封匿名的死亡威胁书（请愿书预示着恶行）。整个世界都在哀悼他（兰斯、伦敦会起冲突）。

"门前，在两座城市间，会有前所未有的苦难降临；饥荒伴随着瘟疫，人们用钢铁灭火，向伟大的上帝哭诉，希望能得到救济。"

1945 年 8 月，美国在日本广岛和长崎（在两座城市间）投下了两颗原子弹。受难者和遭到辐射的人迅速逃离现场（向伟大的上帝哭诉，希望能得到救济）。

　　当然，这只是《诸世纪》预言书中的一小部分预言，还有很多期待着读者去解开。但诺查丹玛斯又预言了在 20 世纪的最后一天会有全球性的大灾难，可那天已经过去，地球没有任何灾难发生，因此很多人开始质疑诺查丹玛斯是个骗子。但他的预言书是货真价实的，至于为什么他对世纪末大灾难的预言落空，也许这永远是个谜了。

"冰人奥兹"的死亡诅咒

它是全世界目前最老的木乃伊，比埃及的法老们还要早一千多年，他为科学家们提供了大量珍贵研究资料。但它同时又是最可怕的木乃伊，因为现在已经有七人因它而死。冰人奥兹到底是怎么死的？它又如何能在死去几千年后害死别人？

1991年秋天，几名德国登山家在意大利阿尔卑斯山脉探险，却于深达三千多米的一处名叫奥兹冰川的山谷内发现一具倒卧在冰雪中的尸体。开始人们还以为是发生意外的登山者，或者是几百年前的牧羊人，可当奥地利考古研究所对这具干尸化验时，才发现这个人竟然死于五千三百多年前！

因为发现于奥兹冰川，所以这位在冰雪中长眠了几千年的男人被命名为"冰人奥兹"。长年零下几十摄氏度的气温和冰雪给了奥兹最好的保护，直到被人们发现时，奥兹连皮肤上的汗毛孔都清晰可见，褐色的眼球也完好。奥兹身穿用羊皮、鹿皮和树皮制成的衣服，总共有三层，头戴皮帽和羊皮护腿，身边还有一把铜斧头和一个装着十五支木箭的箭袋。

冰人奥兹的死因是最大谜题，全世界很多科学家都参与研究，希望能找出冰人奥兹的真正死亡原因，到底是冻死还是饿死，或者是受伤？奥地利政府最先获得了化验奥兹的机会，科学家们在奥兹身上开了很多切口，但不久之后，意大利政府发现奥兹冰川是位于意大利境内，没办法，奥地利人只好把冰人奥兹送往意大利的博尔扎诺。

放射学家科斯特纳最大的爱好变成了琢磨冰人奥兹的 CT 扫描图，多年来研究人员一直把奥兹那干瘪结肠误以为是胃，所以大多数人都倾向于他是饿死的。但后来科斯特纳发现，奥兹的胃被挤在胸廓底下，而且是满的，他"最后的晚餐"相当丰盛，有马肉、鹿肉、山羊肉和面包蔬菜等东西。这至少说明，奥兹在临终前吃得很饱，必须重新寻找冰人的死因。

饿死的原因排除，但死因还得继续找。到了 2001 年，放射学家科斯特纳通过扫描图发现，奥兹的左肩被射入一根箭，它刺破胸腔大动脉，导致大出血。于是考古学家们推测，也许正是这顿丰富的大餐让奥兹分散了注意力，他吃得太饱，结果被敌人用冷箭射中。中箭后的冰人逃进阿尔卑斯山，并最终孤独地死去。

在 1995 年 11 月，联合科学小组决定对奥兹进行第一次全面尸检，主刀的法医是萨马德利。平时保存尸体的环境和发现奥兹的雪山完全一致，是为了防止尸体发生腐烂和变化，而这一天的室温却被调到 18 摄氏度，以将奥兹解冻。这天，博物馆集合了外科医生、病理学家、微生物学家和技师等七个团队对奥兹进行全面尸检，检查进行了九个小时，随后萨马德利下令立即将室温调到零下，奥兹又回到冰冻世界了。

联合科学小组采集了奥兹身上的 149 个组织样本，塞满了实验室冰箱，对这些样本的分析将持续几年，用萨马德利的话说："这些东西足够我们写五十篇论文了！"

奇怪的事件从 1995 年开始，与冰人奥兹直接或间接接触过的一些人诡异地死去，起初并没人在意，但死的人越来越多，而且都与奥兹有关，这才引起恐慌。

第一个死去的是奥地利医学研究员施宾德尔，他在 1995 年 9 月死于一种叫"多发性硬化并发症"的怪病。第二个是曾经徒手把奥兹放进尸袋中的化学专家雷勒·海恩博士，他在 1996 年 2 月参加一次研讨会时车祸身亡。第三人是组织直升机运送奥兹的阿尔卑斯山导游柯特·福利兹，他死于同年的雪崩，而且是那次所有登山员中唯一遇难的。然后是负责拍摄发现冰人奥兹纪录片的记者雷勒·霍尔兹，他死于突发脑瘤。第五人就是冰人奥兹的发现者赫尔穆特·西蒙，他于 1998 年 10 月爬山而失踪，八天后被发现死在三百米深的某悬崖下。第六个神秘死亡的是迪特尔·瓦内克，是他最先找到西蒙的尸体。

这还不算完，2010 年又有与冰人奥兹打过交道的人死了，他就是澳大利亚资深考古学家、在国际上都享有盛誉的昆士兰大学考古学家汤姆·罗伊，死于 11 月 4 日，被发现时已经死了半个月。时年 63 岁的罗伊生前一直致力于冰人奥兹的死因研究，但诡异的是，罗伊的哥哥格莱斯透露，解剖罗伊尸体的专家们找不到罗伊的死因。而最让格莱斯感到奇怪的是，罗伊是冰人奥兹研究课题的首席研究员，他的研究报告就要完成，经常有同事和学生去他家访问谈事，所以无法理解为何罗伊死在家中十四天却没人发现。更令人震惊的是，罗伊在生前即将写完的冰人奥兹死因分析报告也同时失踪了

罗伊的亲朋好友和同事都感到恐惧，他们认为罗伊死得不明不白，不管怎么说，罗伊的死为"冰人的诅咒"又添了一层神秘色彩，因为他也是传言死于"冰人诅咒"的第七个人。2010 年 11 月 6 日，澳大利亚和国际主流媒体都报道了这件怪事。

无论自然死亡还是意外身亡，这七个人似乎都与这具埋藏了五千三百年的木乃伊有着脱不开的干系。在参与者一个个神秘死亡的情况下，媒体再度炒作，有关"冰人诅咒"的传闻变得更加扑朔迷离。

2010 年 12 月 29 日，意大利博尔扎诺博物馆内，两名男子戴上生化口罩，穿上绿色手术服。他们打开博物馆地下室的大门，将"冰人奥兹"那冰冻的尸体转移到铺有无菌铝箔的冷柜内。奥兹的尸体背朝手术灯，

皮肤呈皮革般的深棕色，双脚交叉放在一起，看上去就像受难的基督。

　　为了防止接触过冰人奥兹的人再次出现意外，意大利政府下令将他的尸体永久封闭在博尔扎诺博物馆的地下室中，非极特殊情况不得接近，更别说打开了。那死去的七个人到底是什么原因而死的，难道是几千年前奥兹身上或体内的病菌再次复活？恐怕只有等到人类医学科技发达的那一年，意大利政府再次让人对奥兹的尸体进行化验才知道了。

皮瑞·雷斯地图

　　这张绘制于五百年前的地图，竟然就已经把几百年后才发现的很多地方全部画在图上了？亚马逊、南极大陆架、马达加斯加岛……这些只有用现代遥感技术才能绘制成地图的区域，为什么皮瑞·雷斯早在几百年前就能画出来？

　　在1818年人们发现南极大陆之前，在中世纪欧洲却已经有地图绘制过南极大陆的轮廓，其中最有名的是绘制于1513年的皮瑞·雷斯地图了。皮瑞·雷斯是奥斯曼土耳其帝国一名海军将军，他画的这张地图能成为焦点，就是因为它早在1513年之前就把1818年才发现的南极洲大陆给画了进去，而且竟然是还没有被冰盖住的南极洲海岸。

　　该图是在1929年君士坦丁堡帝国图书馆中被查尔斯·哈普古德发现的，同时被发现的还有皮瑞·雷斯的笔记本，从笔记本和地图的注解中得知，这张地图只是一张残图，是当时皮瑞·雷斯所绘制世界地图的一小部分，但其他部分找不到了。皮瑞·雷斯是在参考了二十多张古地图而绘成的这张世界地图，参考物中最老的几张是公元前四世纪亚历山大时期的。而且皮瑞·雷斯并不是该地图的绘制者，他只是临摹而已。

　　这张绘于1513年的皮瑞·雷斯地图对南美洲做出了难以置信的图解，

上面不仅有南美洲东海岸，还画了西部的安第斯山，这些当时可没人知道。而且图上还正确地画出发源于安第斯山脉的亚马逊河。

很多地理学家研究这张地图一辈子，但仍然有太多的谜团解不开。首先，地图在南美洲东海岸大西洋的位置画了一个巨大的岛，而现在这个岛根本不存在，那里只有汪洋大海。这座只存在于"想象中"的岛屿在赤道以北、大西洋中部的山脊上，距离巴西东部有七百多英里。而现在这个位置只有两个名叫圣彼得和圣保罗的小礁石。地理学家们又多了一条关于"大西洲"和"亚特兰蒂斯"古大陆的证据。

哈普古德为了研究地图的真伪，特地找到了空中航拍专家——美国空军第八侦察中队的哈洛德·奥梅耶尔中校进行鉴定，奥梅耶尔在仔细看过地图后，认为该地图的轮廓与南极大陆关于毛德皇后地未被冰封时的轮廓很相符。

这件事太诡异了，南极洲未被冰封的时候还是在六千多年前！皮瑞·雷斯绘制的这幅古南极大陆地图，严重颠覆了人们的历史观念——南极大陆一直被厚厚的冰层所覆盖，真正南极大陆轮廓被绘制出来，是在人们掌握了地震勘测技术之后。如果有人发现南极大陆并完整地绘制了地图，那么当时的南极应该还没被冰层覆盖，按照符合这个气候的年代推算，那也至少是公元前四千年以前的事了。

哈普古德没有研究出头绪，于是他得出结论：在非常久远的史前时代，地球上曾经有一个高度发达的文明，他们拥有高超的航海技术，并已经航遍全球。哈普古德还把他的发现写成书出版，立刻风靡全球，在中国也很畅销。

皮瑞·雷斯地图的真实性到底有多少？直到19世纪初叶，也就是皮瑞·雷斯地图出现的一百年后，人们才发现了南极洲。其实也正是皮瑞·雷斯地图的出现，才引起了是否有南极洲的争论。也正是由于这场争论，最终导致人们出海远航，在冰天雪地之中寻找那块冰雪笼罩的神秘大陆。

不过即使找到了这块大陆，它的神秘性依然存在，因为当时还没人能为南极大陆勾出哪怕只是一个大约的轮廓，长久以来，南极洲一直被厚厚的冰层覆盖。更不可思议的是，皮瑞·雷斯地图上还标出了南极洲的内陆地形：山脉、高峰、河流和海岸，而这些现在都是被盖在冰雪之下的。人类到了1952年才借助回声探索仪发现了南极大陆上那些盖在冰层之下的东西，两者一对照，竟然完全相同。显然，这地图并不是皮瑞·雷斯和同时代者的杰作，绘制者另有其人！

现代的航空事业发展迅速，对地球表面进行测绘的手段和水平也越来越高了，如果把人造卫星拍摄的地球表面照片和皮瑞·雷斯地图来比较，就会发现皮瑞·雷斯地图非常像是根据高空拍摄照片而画的。有关专家研究后认为，皮瑞·雷斯地图和美国空军在开罗用等距摄影法画成的地图几乎一样。所不相同的只有皮瑞·雷斯地图上的南美洲显得有点长，但这个差异产生的原因还是被发现了。

人们在进行高空航测时，如果所测地区离中心区域比较远，那么地球的球面性就越明显，就像我们站在一个大球的中心，远处的地面肯定比脚下要失真和变形。除非皮瑞·雷斯地图是比美国空军以开罗为中心所拍的照片更高的地球上空所拍的。

这个假设很快得到证实——地球向月球发射第一枚探测火箭后，月球探测器发回地球的众多照片中，竟然有一张和皮瑞·雷斯地图完全一样。在这张照片上，南美洲的形状也同样被拉长了，并且拉长后的形状和皮瑞·雷斯地图完全重合！

难道皮瑞·雷斯地图的最初绘制者，竟是处于地球大气层以外的外太空观察的结果？难道在八千多年前，地球人就已经能够飞出地球了？难道人类真的已经毁灭过？

第五章 历史悬案

153

美国登月事件真伪

四十多年的美国登月计划大快人心，但几十年后的俄罗斯、英法和中国等大国却仍然达不到登月的技术。难道美国的太空科技领先世界半个世纪之多？登月过程中那么多令人生疑的细节是怎么回事，登月事件是伪造出来的吗？

1969 年 7 月 16 日，三名美国宇航员尼尔·阿姆斯特朗和巴兹·奥尔德林、迈克尔·柯林斯三人乘坐"阿波罗 11 号"宇宙飞船离开地球，飞向人类一直向往的月球。阿波罗号登月四十五周年的纪念活动在美国各地火爆开展，NASA（美国航空航天局）同时还宣布，将会首次公开"阿波罗 11 号"宇宙飞船登月过程的录音档案，不单是为了纪念登月的辉煌战绩，更主要的是为了"以正视听"，因为在这几十年中，有关"登月是个骗局"的阴谋论层出不穷。

阿姆斯特朗在迈上月球表面时说的那句话流传至今："这是我的一小步，但却是人类的一大步。"他也成为了人类的英雄。但英国《每日电讯报》却在 2009 年 6 月 18 日的报道中称，登月宇航员中声望最高的阿姆斯特朗退役后几乎从不在公开场合露面，这本身很可疑。据 NASA 的一名知情者说，到现在为止，有过登月经历的只有十二位，他们都是美国人，其中九人还活着，但交往非常少，也只在官方场合相聚。

从美国登月的一瞬间以来，几十年的质疑就没有断过，很多人说那个月球根本就是假的，是在美国西部的内华达州沙漠弄出来的布景，而月球表面的光也是用电影射灯打出来的光。大家普遍认为，登月计划的所有场面都是 NASA 制造出来的骗局，此说法一再被热炒，美国纽约的一家电视台还在 1987 年拍了新闻节目，专门讨论美国政府是否真的登陆过月球。

2009 年 7 月，墨西哥《永久周刊》科技版转载了俄罗斯航天研究专家亚历山大·戈尔多夫发表的一篇文章，内容是他对美国四十年前拍摄的登月照片提出质疑。戈尔多夫在这篇名为《本世纪最大伪造》的文章中说，美国人在四十年前向全球展示的所谓宇航员在月球上拍的照片和电影纪录片，其实都是从好莱坞摄影棚中伪造的。

戈尔多夫还在文中说："我经过对所有登月照片进行长期认真的科学分析认证后，做出了这个结论，我对登月照片的真实性提出质疑主要有这么六大理由。第一，所有的登月照片和纪录片中，竟然没有一张飞行器在月球着陆的内容；第二，所有登月照片和纪录片中，竟没有一处能显示出太空中星星的；第三，在月球上被拍摄的物品，影子的方向居然有四个，而太阳光在同一时间照射物品形成的阴影只能是相同的方向；第四，纪录片中那面插在月球表面上的美国星条旗迎风飘扬，那显然是假的，因为月球上没有风，国旗根本吹不起来；第五条也是最露马脚的了，从纪录片中看到宇航员在月球表面行走，就像在地面行走一样。可月球的重力要比地球小六倍，所以人在月球上用普通力度走路，应该每步都能跨出五米多；最后一条是登月仪器在月球表面移动时，从仪器轮子底下弹出的石块，落地速度也和地球上一样，而在月球上应该比地球上快六倍。"

对于俄罗斯人的这些质疑，NASA 正式做出了回应，美国宇航局发言人罗斯说："现在有很多关于我们登月是假的这种言论，其实很简单。当时我们插在月球表面上的美国国旗并不是绸缎和布匹，而是塑料的，我们早知道月球上没有风，所以才用塑料制成旗子。宇航员把旗子插在月球表面土壤中时，旗杆在颤动，于是带动了旗子，好像有迎风招展的假象。而登月时正是白天，阳光明亮，相机的快门设置时间没有充分曝光，所以看不到星星。"

但显然这些内容不全的解释，并不能让怀疑者信服，很多提问NASA并没有解释得通。而且最多的质疑是：为什么美国人的六次登月都在尼克松任期内完成，而且四十多年过去了，没有一个国家有能力把人送上月球，这么多年来地球科技日新月异，登月尚如此困难，四十多年前的美国为什么能轻易做到？

NASA对此的解释是："这是阴谋论者最喜欢说的一件事，其实很简单，在登月之后，苏联就和美国停止了太空竞赛，因为双方的钱都花光了。苏联没兴趣做老二，两国的领导人都看到，在近地轨道上发展太空科技对军事和经济发展更有利。"

被称为"登月骗局之父"的比尔·凯因斯和英国摄影师大卫·皮尔西在1976年6月联合自费出版了《我们从未曾登陆月球》(We Never Went to the Moon) 这本书。比尔·凯因斯可不是普通人，他曾经担任美国登月舱制造商Rocketdyne公司的设计人员。凯因斯说："我对'登月骗局'的底细再了解不过，为了增强这本书的可信程度，我还邀请了很多匿名专家协助完成，为了保证他们的安全，这些专家都是匿名的。"

让人奇怪的是，到现在为止美国官方也没表示任何回应，第一个登上月球的阿姆斯特朗也从不出面澄清。是美国人不屑一顾，还是真的说不出实情？但专业人士也表示，登月如果真是伪造的，苏联肯定会发现，因为当时的美苏是死对头，苏联密切监视阿波罗计划的每一个步骤。真有什么不对路，苏联肯定马上拆穿。而且美国拿回的月球岩石被全世界的科学家研究，如果是假的，也早就露馅了。

到底登月骗局是不是真的？在美国政府的全力掩盖下，全球学者都无法拿出铁证来揭穿，但我们相信，早晚有这么一天。

恐龙灭绝之谜

它是地球上最恐怖的生物，是地球的霸主，这群统治地球长达一亿六千多万年的巨大怪兽们，却突然在 6500 万年前瞬间消失，究竟是什么力量令它们短时间内灭绝得干干净净？到底是彗星撞地球，还是突然气候变冷？

1822 年 3 月，英国南部苏塞克斯郡的刘易斯镇的乡村医生曼特尔出门给人看病，他的妻子在家里等得无聊，就带上衣服去找他。两夫妇都有喜爱收集和研究化石的爱好，平时经常外出采集化石，时间一长，两人对化石采集也有了相当的水平。

曼特尔夫人在路两旁新开凿的墙壁发现了一些奇特的动物牙齿化石，这些非常大，曼特尔夫人在记忆中从没见过这么大的牙齿。随后她和曼特尔先生拿这些化石让法国博物学家居维叶鉴定，居维叶竟然也没见过，他认为有可能是犀牛的。

但曼特尔夫妇对这个解释很不满意，又找到伦敦皇家学院博物馆的专家欧文，欧文发现这些化石属于蠕蜥同类但已经绝灭的古代大型爬行动物，并正式命名为"恐怖的蜥蜴"，日本人称为"恐龙"，中国也采用了这个词。

这些巨大的爬行动物是地球上最大的,适宜生活在沼泽和浅水湖中。最初出现在中生代,距今大约两亿三千万年,那时地球的空气温暖潮湿,食物也充足。人类的历史总共有两三百万年,但比起恐龙就短暂得多了。地球曾经是由恐龙主宰的世界,恐龙们在地球上统治了上亿年,可是不知为什么,后来突然从地球上消失了。从全世界发掘出来的化石表明,它们在六千五百万年前极短的时间内突然全部灭绝,但和恐龙同时期的一些动物却能活到现在,而且样子没什么大变化,比如鳄鱼和乌龟、蜥蜴,这是为什么呢?

人们对恐龙灭绝的课题从来没停止过研究,最权威的观点是行星说。据研究,在六千五百万年前有一颗直径约十公里的小行星砸在地球表面,爆炸引起的大量的尘埃抛向大气层,形成几十公里高的尘埃,地球在几十年之内都看不到阳光,植物光合作用停止,很多食草的动物纷纷饿死,恐龙也因为吃不到素食动物而大批灭绝。

这个"小行星撞击论"很快就得到众多科学家支持,在1991年,墨西哥尤卡坦半岛发现一个年代久远的巨大陨星坑,进一步证实了这种观点,现在这种观点似乎已成定论。但也有很多人对这种理论持怀疑态度,原因很简单,像蛙类、鳄鱼和乌龟等对气温敏感的动物都能顶住白垩纪的恶劣环境生存下来,而只有恐龙死光光?

德国哥廷根大学的著名古生物学家雷特纳说:"气候变迁应该是最大的原因,在六千五百万年前,地球的气候突然发生变化,气温大幅下降,空气中的含氧量也急剧下降,恐龙这种庞然大物,每呼吸一次都需要比人类多几十倍的氧气,所以它们无法生存。另外恐龙是冷血动物,它们身上没有毛和保暖器官,不能适应气温下降,于是都被冻死了。"

但这个理论很多专家不同意,他们认为恐龙和人一样,都是恒温动物而不是冷血动物。而且恐龙中很多小型恐龙如"虚骨龙",它们和同时代的小型哺乳动物能力相同,但为什么也都死光了?

这些专家指出，在六千五百万年前，地球上出现了很多小型哺乳类动物，都属啮齿类食肉动物，比如老鼠等，它们大量吃恐龙蛋，而且这些鼠类没什么天敌，就越来越多，最终把恐龙蛋吃光。

雷特纳对此持反对意见，因为老鼠等啮齿类动物最早出现于四千多万年前，那时恐龙已经灭绝二千五百万年了，两者根本碰不到面。同时他还提出了另一个观点："恐龙时代前期，地球上的植物大多是银杏和松柏等裸子植物，食草恐龙大多靠吃它们为生。而在约一亿两千万年前，地球上开始大量出现有花植物，为了驱赶天敌，这类植物体内经常含有各类生物碱。而食草恐龙吃了这些植物后严重中毒，慢慢全都死掉。而众所周知，食肉恐龙是靠吃食草恐龙为生的，所以它们全都饿死了。"对于雷特纳这个观点，反对的人也很多，因为最早的有花植物出现时间比恐龙灭绝早五千多万年，为什么恐龙过了几千万年才灭绝？

还有很多专家提出了别的理论，比如"大陆漂移论"。有地质学家研究出在恐龙生存的时代，地球大陆只有一整块，也就是"泛古大陆"。后来地壳变迁，泛古大陆在侏罗纪发生分裂和漂移现象，环境和气候都有极大变化，恐龙因为不适应而灭绝了。另外还有"地磁变化论"，现代生物学已经证明，很多生物的死亡都和磁场有关，那些对磁场敏感的动物，在地磁变化时都有可能导致灭绝，比如螃蟹就是因为要适应地磁变化而从朝前爬硬改成了横行。因此有人推测，恐龙的灭绝可能和地球磁极变化有关。

1987 年，美国考古学家在澳大利亚发现了大量恐龙化石，而且各类丰富，有棱齿龙、澳洲南方龙和翼手龙等珍贵种类，面积达几十平方公里。专家们在一些食草类恐龙的胃部发现有明显的茄科植物，而这些茄科植物大多是有毒的，这似乎与雷特纳的"植物有毒论"不谋而合。

在最近几年，又有一个新的理论被频频提出，那就是"空气变薄论"。在两亿多年前，地球上到处都是森林和湿地，森林中的树木都很高大，如石松类、有节类和真蕨类等。这些大树排放大量氧气，导致那时的空气含氧量高达百分之三十，而现在只有百分之十六左右。对动物来说，氧气过量会让细胞中毒，很多不能控制呼吸量的动物都死掉了，剩下的要么是体形大的，要么是能用表皮气孔呼吸的动物。

在那个时候，地球上的动物都比现在大好几号，蜻蜓是食肉的，足有半米多长，蟑螂也比老鼠大得多。而体积巨大的恐龙刚好需要大量的氧气来保证代谢交换，于是它们才越繁殖越多。从石炭纪以下，空气中的含氧量开始下降，恐龙在空气中得不到足够的氧气而无法生存，最终在六千五百万年前灭绝。

不过，与其他那些理论一样，这个理论也有说不通的地方，恐龙并不都是巨大的，有很多小型恐龙比同时期的老虎大象小得多，比如迅猛龙和翼手龙等。关于恐龙灭绝的谜题已经进行了几百年，科学界至今也没有定论，看来只好继续等了。

印加"黄金城"在哪里

传说中的南美洲印第安帝国"印加"皇宫全都是用黄金制成的，他们有永远开采不完的金矿，这到底只是传说还是真实的？为什么西班牙殖民者要用装满房屋的黄金来赎人，最后仍然把印加皇帝杀掉？那个找不到的黄金矿到底存在吗？

公元 15 世纪中叶，一个居住在秘鲁利马的印第安人部落通过兼并其他部落，最终建立起强大的奴隶制国家——印加帝国，首都建在库斯科城。印加人极度崇拜太阳，他们看到黄金的光泽和太阳光一样，就认为黄金是太阳神的眼泪，于是特别钟爱黄金。印加人不知道从哪里弄来大量的黄金，在库斯科的宫殿和寺庙内都使用了大量黄金，很多印加人也都佩戴黄金饰品，在印加帝国黄金就和木头一样，到处都在用。

公元 1525 年 1 月，西班牙殖民者弗朗西斯科·皮萨罗率领几百人的西班牙殖民军来到秘鲁，他们利用火枪和印第安人的迷信愚昧把印加帝国击败，并俘虏了印加皇帝阿塔华尔帕。当看到这个印第安人国家到处都有黄金时，西班牙人贪婪的本色露出来了，他们放出话来，要印加人用黄金把当地一座寺庙的主殿填满，才肯放走他们的皇帝。

无奈的印加人只好将他们的黄金都贡献出来，就在他们忙于向卡哈马卡城运送黄金的时候，心狠手辣的皮萨罗却突然变卦，他以谋反的罪名把阿塔华尔帕在卡哈马卡城文场当众处决。愤怒的印加人一面与西班牙殖民者开战，一面将印加帝国所有的黄金都扔到一个叫"的的喀喀"的湖中。最后印加战士全被杀死，印加帝国从此在历史舞台上消失了。

皮萨罗杀掉印加皇帝后，几天内就攻占了印加帝国首都库斯科。他原以为能把印加帝国多年来积攒的所有黄金都抢到手，而事与愿违。皮萨罗的军队到处寻找黄金，结果只在库斯科城附近的一个洞穴里找到少量黄金器皿和用黄金制成的动物饰品，根本没找到传说中的那么多黄金。

印加帝国已经不存在了，但传说那个永远开采不完的巨大金矿、用黄金造成的皇宫寺庙却成为几百年来全世界探险家们追逐的梦。传说中的黄金城有好几个地址，有人说在印加帝国首都库斯科，有人说在印加神庙所在地——马丘比丘，还有人说在印加皇帝加冕的圣湖的的喀喀湖底。

1911 年，美国耶鲁大学拉丁史教授海勒姆·宾厄姆在安第斯山考察上百次，足迹踏遍密林，终于在库斯科西北一百二十公里处两座峭壁之间找到了传说中的马丘比丘城遗址。这里的所有建筑都用花岗岩砌成，每块石头都有一吨多重，而一座祭坛的祭台竟然是用一整块重一百多吨的花岗岩切割而成的。海勒姆等人在古城废墟中找了半个多月，也没找到哪怕半块黄金。

在 1925 年，六名耶稣教会的修道士来到南美洲寻找传说中的黄金城，在丛林中遇到了印第安人。似乎这些语言不通的土著人早就知道他们的意图，于是暗中偷袭，五名修道士被毒箭射死，只有一名叫胡安·戈麦斯·桑切斯的人侥幸逃跑。过了十几天，一艘秘鲁渔船发现了就快饿死的桑切斯。

桑切斯说："为了躲避那些印第安土著人的追杀，只能沿着灌木丛乱跑，也不知道跑了几天，我竟然来到一座藏在丛林中的城市！这座城市空无一人，但整座城市的建筑全都是用黄金造成的。其中最大的一座宫殿屋端立着巨大的黄金太阳,直径至少有十米。"

为了证明自己没说谎,桑切斯拿出了一个黄金制成的人手指,足有半米多长,是他从一尊巨大的人像手掌上用刀砍下来的。渔船上的人都来了兴趣,他们在桑切斯的鼓动下出资建立了一个由三十多人组成的武装探险队。再次进入热带雨林后,桑切斯却怎么也找不到通往那座黄金城市的路了,一路上还遇到土著人、毒蛇和野兽的攻击,最后只剩下不到十个人,只好悻悻而归。

目标只剩下的的喀喀湖了,它又名黄金湖,位于秘鲁和玻利维亚交界处的安第斯山脉,是地球上海拔最高的淡水湖。关于"黄金湖"的传说也有不少,据说每一代印加皇帝新加冕时,印加人都会将他全身涂满金粉,再登上一条巨大的、满载黄金饰品的大船,在祭司的主持下,皇帝登船驶到的的喀喀湖中央,边念咒语边把船上所有的黄金全都推入圣湖中,这样就能感动太阳神,好保佑这一代皇帝健康长寿。

印加帝国共有十几代皇帝,久而久之,湖底就沉满了黄金。当年的皮萨罗就派部下来到的的喀喀湖寻过宝,他们在湖上找了七年多,直到皮萨罗被暗杀,也没在湖里发现黄金。这令关于印加帝国藏有巨量黄金的传说变得迷离起来,于是有人开始怀疑根本没有什么黄金,但那些对黄金感兴趣的人仍然对传说深信不疑。

1945 年,西班牙探险家组织了一支寻宝队,三个月内从就湖底捞起几百件黄金饰品。半年后英国一家公司挖通地道把湖水抽干,但太阳很快又把泥浆晒干,当英国人从英国再次运来设备时,湖中又充满了水,代价高昂的打捞工作失败了。这次事件之后,哥伦比亚政府担心湖里的宝藏被偷,便出动军队保护的的喀喀湖,从此再没人能接近这里,神秘的黄金湖就成了永远揭不开的谜。

1946 年希特勒派出探险队前往秘鲁寻找黄金,以解决纳粹德国战备不足之急。探险队的领队是汉堡大学考古系教授海因希,他在图书馆中找到一个日记本，是 1859 年某位无名法国探险家留下的。

日记本中记录了这位探险家在秘鲁的所见所闻，其中有一段是这样写的："在秘鲁，我遇到了几名印第安土著人，我取得了他们的信任，他们说自己是印加帝国的后代。还说印加帝国附近的玛诺阿国有一座叫科利康查的寺院，那里有一座用黄金制成的大花园，里面种着黄金树，树上有用白银和白金做的鸟，用金条打成的玉米连成片，空地上还有很多黄金铸成的神像。但他们说已经找不到那个玛诺阿国，因为路已经被印加人封死了。除非能找到印加皇帝的后裔，他手中有打开通往黄金大门的钥匙。"

德国人根本不知道印加皇帝的后裔在哪里，那把黄金大门的钥匙又是什么，在亚马逊雨林中损失五十多名成员之后，海因希放弃了这次完全没有目标的行动。

最大的一次寻宝行动是在 1966 年，一名叫凯萨达的西班牙人组成了历史上最庞大的探险队——有七百一十六名队员。大队伍向秘鲁境内的密林呈扇形进发，在最后付出五百五十多条性命的代价后，他们终于在康迪那玛尔加平原发现了一个全是黄金的小型寺庙，找到了价值三千万美元的翡翠和黄金，但这显然不是真正的黄金城。

直到现在，也没有人能在亚马逊的丛林中找到传说中的黄金之城。为什么印加人会有这么多黄金？有学者称那其实是远古时期从外太空落到亚马逊的一个巨型陨星，陨星的主要成分是天然黄金，所以才被印加人捡了便宜。但黄金城到底在哪里呢？没人知道。

达·芬奇的大脑

　　文艺复兴时期最伟大的画家、哲学家、建筑家和发明家，他好像有永远用不完的精力，他所发明的东西甚至超出了那个时代，难道他是来自未来的人？为什么他的发明和图纸都让现在人甚至都看不懂，这些发明中有什么秘密吗？

　　莱昂纳多·达·芬奇是意大利文艺复兴时期的伟大艺术巨匠，同时也是著名的科学家，他不仅画出了世界第一名作《蒙娜丽莎》，而他的很多科学发明和设计也让当时的自然科学发生重大变化。他的发明有的是成品，有的是半成品，有的甚至只有图纸和草图。这些东西在当时大多超出了同时代人的思想，但几百年后，人们惊奇地发现，达·芬奇的很多设计图纸都在现代实现了。

　　十六世纪末，彭皮欧·莱奥尼把达·芬奇一生中所画的图纸和设计草图集结成册，命名为《大西洋古抄本》一书。里面收录了一千二百张图纸草图，设计内容包罗万象，有乐器、飞行器、武器、植物学和数学相关设计等。这本被保存于意大利米兰市安布罗西亚纳图书馆的古书，在现代人看来竟然非常眼熟，没人能想到达·芬奇会设计出超时代的东西。

　　在这些图纸中，有一种重型的机器车，外形很像乌龟的壳，车身装有大炮，还用金属板加了固，车内安排八个人合力驱动齿轮让车行走。这东西在当时无法被人接受，但现在任何人看起来都会觉得眼熟，因为这明显就是坦克。

在复原和整理《大西洋古抄本》时，意大利图书的研究人员小心翼翼地打开了两张粘住的纸，却发现中间还有一些图纸，其中就有木制的一种双轮车。它的动力是用脚蹬带动链条，驱使双轮车行走。不知道什么原因，这页图纸被粘住了，否则自行车的发明时间极有可能会提前两百多年。

另外一个发明是用亚麻布碎片拼接而成的金字塔形布篷，每边的长度都是七米，达·芬奇还在图纸旁标注："利用这个装置，任何人都能从任何高度降落到达地面。"这应该是最早的降落伞了，而真正的降落伞在1730年才被发明出来，达·芬奇整整提前了两百年。

达·芬奇还绘制了一种飞行器，下部是能坐四个人的机舱，上部是一个巨大的四叶旋转翼，下部的四个人共同脚踩轮轴，来驱动上部的旋转翼快速旋转，以产生升力将机舱带上天空。很多科学家按照图纸制出实物，但都飞不起来，其实达·芬奇的很多设计都只存在于构想阶段，至少他认为用旋转叶片产生升力而上天的原理和现代的直升机一模一样，只是如何让叶片转得足够快是个大问题，不过显然达·芬奇当时没想这么多，他只是想出一个灵感就迅速画在图纸上，然后就再去构思另一个。

飞机是莱特兄弟在1903年发明出来的，而四百年前的达·芬奇早就对人能在天上飞充满幻想了，他的设计中就包括安装有双翼的滑翔飞行器。这是一种开壳式的模型，安装有为飞行人员准备的椅子，但没有安全帽。用支架承托的帆布当作机翼，人坐在中间拉动两端的绳子就能控制方向，另外还有一个能载人的大木篮，下端装有轮子可供升降。达·芬奇在图纸的标注中称："这种飞行器只需双人就可飞上天空，只要带足够的食物，可以一直飞到月球上去，甚至可以占领月球。"

除了飞机坦克，达·芬奇当然也设计过汽车。虽然不能和法拉利或保时捷相比，但达·芬奇的自驱动式汽车却是那个年代绝对的创新设计。这辆木制汽车用传动轮的交互弹簧驱动，也是世界上第一部自行驱动的汽车。利用弹簧的压力要事先手摇上弦，就像钟表那样。佛罗伦萨艺术博物馆的科学家马赛曾经在 2004 年 5 月照图纸制造出这样的一辆木制汽车，发现确实能按达·芬奇预想的那样工作，只是速度很慢。

此外，达·芬奇的发明还涵盖了各个领域，这里面有很多已经在后世实现，比如用吸气管原理设计的潜水器，安装在由皮革制成的潜水服上，连着用芦苇秆制成的通气管和漂在水面的浮钟。这种设计非常实用，居然还留了可供潜水者小便的口袋。

还有用薄木板和机械传动发明的水上滑行橇，用质地上乘的防水皮革制成的救生圈，里面填充空气后可增加体积和浮力。还有千斤顶，这个由曲柄、减速齿轮和能上下移动的有齿杠杆制成的千斤顶和现在的千斤顶原理几乎完全一样！另外还有投影仪，外表是个简单的盒子，一侧装有巨大的玻璃透镜，中央是一支蜡烛和能够调节大小距离的圆孔。在透镜处的图像就会在圆孔另一端被透镜放大，效果还不错。

达·芬奇似乎对于提高人的速度很痴迷，他设计了一种在战争中使用的旋转浮桥，用轻而坚固的材料和绳索滑轮组成旋转系统，士兵在通过桥的时候，只要爬上去就能迅速逃跑。建造这种浮桥的材料到处都能找到，浮桥的外形呈抛物线，只有一个跨度，通过巨型的垂直栓可安全到达两岸。浮桥是靠绳索和升降机移动的，底下有带轮子和金属滚轴的底座便于滑行。另外，浮桥还装有以平衡作用的平衡箱，在士兵滑到对岸之前会一直悬在空中。

虽然不是好战分子，也讨厌战争，但达·芬奇却喜欢发明武器。他设计出了一种先进的三管大炮，这种炮火力猛、重量轻、速度很快，是战场上的致命武器。它的炮架很容易拆卸，拥有三根从炮口装弹的炮管，每根炮管都能用测标装置调节高度，用来打得更准。

除了这些发明，达·芬奇还对地质学有独特的见解。当时的意大利考古学家在山顶发现了软体动物化石，他们怀疑是传说中"大洪水"之后被冲刷到这里的，但达·芬奇却不这么认为。他提出，那些山脉在很久以前可能是大海，只不过多年的地壳变化，海底逐渐升高，才变成了现在的山峰。当时这种理论无人相信，但现在已经被证实多年了。

天才的达·芬奇除了无数传世绘画之外，一生中还设计出了无数奇思妙想，他的大脑有多少容量，为何这么厉害？很多专家对他的身份产生了怀疑。大家都知道，达·芬奇有个怪习惯，那就是从右往左写字，也就是所谓的"倒写"。这难道是达·芬奇为了不让某些人盲目跟风和抄袭他笔记而想出的方法？显然不是，可他的大部分手稿都是倒写而成，这到底是为什么？

神秘的天才，神秘的大脑，神秘的达·芬奇。他让后世的人研究了几百年，有人提出一个惊人的论点：达·芬奇根本就不是那个年代的人，他来自未来，因为某个原因从未来穿越到 16 世纪的欧洲文艺复兴时代。因为那个时代科技不发达，于是达·芬奇只好把在未来看到和使用过的东西设计出来。有的能直接制成成品，有的限于没有原料（如汽车的汽油和大炮的黑火药）而只能是半成品。

这个说法虽然听上去荒诞，却很能解释达·芬奇那与时代极不相符的天才设计。也许他真是从未来穿越过来的？我们不知道。

第六章　考古发现

　　基督教的圣器"约柜"为什么会神秘失踪？雄伟的金字塔真是埃及人建造出来的吗？天文发达的古玛雅怎么突然就消失了？著名的法老图坦卡蒙陵墓里到底有哪些可怕的诅咒？远古时代为什么会经常发掘出一些高科技产品？传说中的大西洲是如何沉没的？强壮的尼安德特人为什么消失？死海古卷中又到底记录着怎样的惊天秘密？

约柜之谜

它是人类历史上最神秘的圣物，它存放在西奈山顶，《圣经》中说它是神和以色列人的通话工具，甚至是最可怕的武器。约柜是否真的存在？它到底是神话虚构，还是古老发明，甚至是地外文明与人类沟通的史前电话机？

三千三百年前，上帝将先知摩西召唤到西奈山顶，先是授给他一套法典和教规，让信奉犹太教的希伯来人必须遵守和照办。随后，上帝又亲自用手指在玛瑙板上写下《十诫》圣谕，也是后世以色列人的法典。他告诉摩西，要找两名能工巧匠，用皂荚木、黄金、白银、青铜、玛瑙石、公羊皮和山羊毛等原料制成一个神圣的柜子。这个柜子从尺寸到用料，从颜色到细节都有严格的规定，摩西不敢怠慢，他找了犹太人中手艺最高超的两名工匠，夜以继日终于制造出了著名圣器——约柜。

在《旧约·出埃及记》第二十五章第四十节中，上帝曾说过"要谨慎做这些物件，都要照着在山上指示你的样式去做"的话。约柜的施恩座两端还必须有两个黄金制成的小天使，这样上帝才会降临会见摩西。为了体现约柜最高的宗教地位，希伯来人把它放在圣堂会幕中。约柜非常神秘，《旧约·出埃及记》中记载："当云彩停留在天使翅膀之间，

170

即使摩西也不能进入会幕。"除了犹太教最高长老拥有每年进入圣堂一次探视圣物的权利之外，其他任何人都不得进入圣堂。

而约柜又是《圣经》中最恐惧的武器，希伯来人认为，它既是神圣的，也是强有力的。任何想随意接近约柜的人会立刻被约柜处死，在《圣经》中有很多关于约柜的记载，比如在征服杰瑞库的战争中，希伯来人抬着约柜来到城下，他们吹响羊角，坚固的城墙就像纸做的一样被吹倒，杰瑞库城从此被征服。

约柜对自己人也是恐怖的，先知摩西的侄子把错的祭品放在约柜前，结果被上帝降下的火焰活活烧死；又有一次，大卫负责搬运约柜，乌撒驾驶载有约柜的马车出发。半路上马绊了一跤，车身摇晃，约柜就要翻倒，乌撒忘了不能接近约柜的戒律，慌忙伸手去扶，结果当场被雷电劈死。

公元前1050年，腓力斯人击败了希伯来人，把约柜占为己有，并带回自己的城市艾科隆。腓力斯人把约柜放进神庙中，第二天却发现腓力斯人崇拜的异教偶像"龙"的脑袋和手都没了，而艾科隆城突然兴起麻风病。痛苦的灾难令腓力斯人把约柜还给了希伯来人，麻风病才停止。

公元前1000年，大卫王把约柜带到圣城耶路撒冷，而大卫的儿子、以色列最聪明和富有的所罗门王在这里修建了第一座圣殿。约柜被敬奉在圣殿内最神圣隐秘的地方，只有最高级别的神父在赎罪日才能进去。所罗门王死后，犹太王国分裂成犹太国和以色列国，以色列没有宗教中心，祭司们只能到犹太国的圣城耶路撒冷去献祭，但是在公元前六世纪，约柜却神秘失踪了。

以色列长老耶利来在巴比伦人撤走时来到圣殿废墟，想找到约柜并偷出耶路撒冷。他在已经被夷为平地的圣殿废墟中看到了著名的"亚伯拉罕巨石"，之前约柜就在这块巨石上，但此时早已无影无踪。

几千年来，失落的约柜吸引着无数探险者为之探索，但直到今天还是下落不明。关于约柜的下落，千百年来众说纷纭，在2002年，著名

第六章 考古发现

171

法国宗教学家皮埃尔说："约柜很有可能藏在'亚伯拉罕巨石'底下的暗洞里，那是一块长十八米、宽十四米的花岗岩巨石，用大理石柱支撑。这块巨石也是伊斯兰教圣物，据说伊斯兰教创始人穆罕默德就是踩在这块巨石升天去听真主启示的。'亚伯拉罕巨石'被穆斯林视为圣石，在圣石下面的岩洞堂高达三十多米，完全能藏约柜，但这里是伊斯兰教和基督教的共同圣地，不可能被准许挖掘。"

但也有人对此观点表示怀疑，根据记载，公元前一世纪时约律王曾经翻修圣殿，他命人掘地三尺，一直挖到岩床也没发现约柜。又有传说约柜藏在"约亚暗道"里，那是大卫王攻打耶路撒冷时偶然发现的一条能通到城里的神秘通道，而且还和所罗门圣殿相连。在 1867 年，一名叫沃林的英国军官在耶路撒冷附近的清真寺遗址中发现有条暗道，他顺着暗道一直走，居然进了耶路撒冷城。有学者估计，这条地下通道建于公元前两千年，并推测它很可能就是"约亚暗道"，但约柜在哪里仍然不知道。

虽然约柜一直找不到，但也有人试图用现代知识去猜想和解释。2004 年英国学者安德鲁按照圣经里的描述制造了约柜的复制品，他说："约柜的设计实际是一个巨大的电容器，能存储电能。金子是最好的导电体，而木头又是最好的绝缘体。"安德鲁在同年 10 月 6 日的英国《每日邮报》上发表了见解："也许那时的以色列人已经学会制造蓄电池，那么约柜就是最好的设计方案。"

安德鲁仔细进行测试，来证明约柜就是一种原始电容器，能积聚和释放电荷。约柜在被放进圣殿之前，一直处于以色列干燥炎热的沙漠中。安德鲁认为："约柜和炎热的空气摩擦让它能不断积聚静电，就像汽车在热天会产生静电。电荷的电量取决于湿度、温度、旅程长短和行进速度的程度，在这种情况下，电荷强度会相当致命，这很合理。"如果按照这样的解释，我们就不难理解为什么摩西的侄子只是碰了一下约柜就被击毙。

如果约柜真是古代的高压发电机，可设计制造的知识又是从哪儿来的，难道是神的灵感？于是人们有了更大胆的猜想——约柜很有可能是摩西和宇宙飞船之间进行联络的设备！难道《圣经》中那位令人敬畏的上帝是来自外星文明的宇航员？

　　这么神秘的约柜，当然是美国好莱坞拍摄的最好题材之一，斯皮尔伯格和卢卡斯合拍的出色探险动作片《夺宝奇兵》系列第二部就是个典型例子。片中由哈里森·福特扮演的聪明博士印第安纳·琼斯为了夺回约柜，不得不面对强大的纳粹德国。他单枪匹马穿沙漠钻潜艇，最后终于保住了约柜不落入希特勒之手，而为了毁灭世界冒险打开约柜的纳粹将军却被约柜那巨大的力量瞬间杀死。

　　电影终究是电影，但约柜到底确有其物，还是只存在于神话传说中，现在谁也不知道。毕竟没有多少人看到过真实的约柜，也许在某一天，人们发掘某个建筑时，神圣的约柜就会突然出现，大白于天下呢！

死海古卷惊天秘密

耶路撒冷的牧羊人在古山洞中发现了这些神秘的古代卷轴，里面记载的居然是比圣经还要早的内容！古卷中是否记录了《圣经》中不为人知的秘密，或是真正揭露了耶稣真正的属性？为什么它会被称为"20世纪最伟大的考古发现"？

1947年春天，在死海西北部一个叫基伯昆兰的偏僻地区，两名当地的牧童正赶着牛羊在这里放牧。这里距离以色列圣城耶路撒冷只有十几公里，牧童们边走边玩，渐渐来到一处偏僻的山洞。这附近有一条干涸的河，以前他们从未来过这里，天渐渐黑了，牧童们害怕找不到回家的路，便驱赶牛羊准备回去。但发现羊群走失了，这时他们发现在旷野中的山丘内有几个山洞，牧童就捡起石头扔进山洞，结果从洞内传出"哗啦啦"的物体破碎声。

牧童们以为闹鬼，吓得跑回了家。好奇心驱使他们的父母觉得应该是藏宝洞，就与孩子再次回到洞中，想看看里面到底有什么东西。也许他们做梦也没想到，这竟导致了"20世纪最伟大的考古发现"。

他们在洞中发现很多细长的陶罐，里面满装了写满文字的古老书卷，有用皮革制成的，还有用纸草甚至金属片写成的，那些皮革和纸草的大多已经腐坏和氧化，残缺不全。他们有些失望，但还是拿走不少卷轴，后来直接拿到伯利恒出售，大多数都卖给了这里的古董商人。还有一些落到了耶路撒冷叙利亚东正教大主教的手中，另一些传到了希伯来大学的苏堪尼教授手中。

1948年2月，有一些古卷流落到了美国东方学研究院，马上被研究员发现这些古卷非比寻常。在1948年4月11日，研究院把这些手抄本古卷公之于世，两个星期后的26日，希伯来大学的苏堪尼教授才宣布：希伯来大学也有这些抄本。苏堪尼教授多了个心眼，他生怕大家知道这些抄本有价值，于是迟迟不肯公布，而是在美国人兴奋过度的时候抢先公布了这个消息。果然，风声立刻传开，抄本古卷身价大涨，在1948年每卷只能卖几百美元，到了1954年就涨到二十五万美元的天价！

发现存有古卷的古洞穴共有十二处，考古工作整整持续了十年，有近四万个书卷或书卷碎片被发现。这些书卷多数都储存在瓦罐里，大部分是用希伯来文写在皮革上的，内容是早期伊斯兰教和犹太教的经文，而那个时候还没有基督教。据技术分析，这些古卷的完成时间约为公元前三百年。古卷经过两千多年的风化，大部分已经变成碎片，只有少数古卷能完整保留下来。专家们经过了五十多年的努力，终于将五百多卷古卷复原，其中保存最完整的就是《以赛亚书》。

古卷的内容极为丰富，主要分为三大类，分别是旧约圣经的相关内容、大量圣经的注释和评论讲解，还包括很多非圣经类文献。在这些非圣经类的文献中，很大一部分都是关于世界末日的预言，比如神毁灭了邪恶势力、弥赛亚再度回来时的著述等。

这些古卷是谁写的？当时又属于哪个团体或教派？从古卷内容中，学者已经认定这是属于当时昆兰社团的隐士派犹太人。在公元七十年，强大的罗马帝国攻占耶路撒冷，放火烧毁了所有犹太教圣殿。住在昆兰社团的隐士派犹太人没办法把这些大量的珍贵书卷随身带走，就只好先收藏在附近的洞穴中，以便日后取回，这与藏传佛教中的"伏藏"差不多。

古卷中最完整的是《以赛亚书》了，当专家们把其中的文字和马所拉译本对比时发现，在上千年的抄写保存过程中，这些圣经的传承者和希伯来学者真是无比忠心、认真和准确。引用一位圣经专家的话："在《以赛亚书》五十三章有一百六十六个单词，古卷中只有十七个字母有问题，其中十个字母还是因为后世拼写的演变而不同，这太令人惊叹了！"

很多人知道有"死海古卷"这回事，但都不知道死海古卷到底有什么意义，为什么能被那么多研究《圣经》的人激动万分？

其实道理很简单，死海古卷的发现，充分有力地证明了《圣经》的真实性，而且其中的预言都是在事件发生之后的。长时间以来，越来越多的人对《圣经》提出了大量质疑，比如《但以理书》中不但提到了耶稣受难，还预言了耶稣死后三百多年的事，如罗马帝国分裂等等。但以理在世的时间比耶稣还早七百年，书中不但预言了罗马帝国的分裂，还有亚力山大大帝早死、欧洲分裂成几大区和罗马帝国的兴起。很多反《圣经》的人都说《但以理书》是假的，是有人在这些事件发生之后写的，然后声称该书在二千八百年前就有。《圣经》的支持者们尽力想找到证据来证明《圣经》的真实性，但始终找不到——没人能证明《圣经》中的预言是在这些事件发生之前就写好了的。

很多支持《圣经》的学者对质疑者非常愤怒，因为《圣经》的成书过程非常复杂，它并不是在一天由一个人用一种语言写成的，而是经过了很漫长的时间。就算有古卷之类的原稿，在《圣经》成书后，原旧稿也一般都会被抛弃，怎么可能还留到现在？所以对这种质疑完全没有证明的机会。

现在不一样了，死海古卷的被发现，有力地证明了《圣经》中旧约部分在耶稣降生之前至少三百年就已经成书了。那些反对《圣经》的批判学者用近百年时间建立起来的质疑城堡，现在被死海古卷全部摧毁。

著名作家丹·布朗在畅销小说《达·芬奇密码》中提出，死海古卷中有很多遗留下来的福音书，它们属于基督教的早期文献，而且揭示了耶稣那不为人知的属性。用来证明耶稣并不是传说中上帝的儿子，而只是一个普通人。

事实上死海古卷的内容并没有基督教的福音书，也没有什么诺斯提派福音和所谓的圣杯。因为死海古卷是犹太教的古文献，里面只有基督教《圣经》的旧约部分，里面根本没有新约《圣经》的内容。死海古卷中完全没有能诋毁基督教的内容，却惊人地证实了旧约《圣经》的正确性。丹·布朗在小说中的说法是极其错误的，因为那时还没有基督教。小说家的随意性在宗教历史学家看来很致命，这也是宗教学家们讨厌丹·布朗的原因。

《圣经》现在已经被证明是正确的预言，但为什么它如此神奇，难道上帝真的存在？

尼安德特人

这些马上就要进化为现代人类的古人类，有着强健的体格和出色的生存能力，可为什么突然在三万年前灭绝了？是近亲繁殖，还是语言落后，甚至是站得不直而导致退出历史舞台？他们和现代人类的祖先之间究竟发生了什么？

1919年，俄国革命期间，驻扎在帕米尔高原的一名苏联红军军官夜间在军营附近巡视，忽然远处传来枪响，他连忙跑过去，看到两名士兵正站在一个强壮的、浑身是毛的类人生物前，那个生物中枪后还没有死，嘴里发出音域狭窄的吼声，在地上抽搐几分钟后才咽气。

军官问是怎么回事，士兵回答："在巡逻的时候看到这个东西在远处小跑，我以为是敌人，就命令他站住举起手，但他却跑得更快了，于是我们开了枪。"军官命令士兵把这个生物抬回营地，见这个生物浑身是红黑色的毛，身高约有一米七，四肢强壮，前额倾斜，眉毛非常的粗浓，鼻子却又扁又平，下颌骨宽大而且突出。那名士兵也许不知道，他杀死的很可能是世界上最后一个尼安德特人。

德国北部城市、莱茵河畔的杜塞尔多夫是著名诗人海涅的故乡，这附近有一个叫尼安德特的峡谷。1856 年 8 月，当地采石工人在一个山洞里挖出一副人的骨架。他还以为有凶杀案，于是连忙报告警察。警察仔细检查这副骨架后却发现它根本不是现代人类的骨架，它们明显比普通人类的骨架更粗壮、沉重，而且年代久远，已经成了化石。

考古和人类学家开始接手研究，到了 1864 年，爱尔兰的解剖学家对这些骨架化石仔细研究之后认为，这些化石是一个新的人种，年代为三万到四万年前，专家根据发现地点暂定名为"尼安德特人"，这个名字一直沿用到现在。

随后，有人在欧洲、北美和中东等地也相继有人发现许多尼安德特人骸骨。1984 年，有人在以色列的凯帕拉洞穴中挖出一具完整的尼安德特人骨骼，经技术复原后，他们的真正面目出来了：身高约有一米七，体重七十公斤上下，舌头与现代人相似，不同的地方是眉骨和眼窝隆起。有着宽大的面颊和鼻子，颧骨很高，外貌接近现代人，但头比现代人大得多，大脑左右分工，大多数是左撇子。

在对尼安德特人居住地的调查发现，尼安德特人竟然能用动物股骨制成长笛演奏，而人类有记载的使用乐器时间最早只有公元前四千年，难道生活在三万年前的尼安德特人比现代人更加进步？更让人疑惑的是，尼安德特人会用大块的石头凿出炉子，用猛犸象的骨头做炉脚，形状很像今天的蜂窝煤炉。他们的房屋地基有柱脚，这比在中国陕西出土的半坡遗址还先进。并且尼安德特人只吃熟的食物，懂得把死去同伴的工具和人一起埋葬，这说明他们已经对死亡有了更深层的思考。这些东西都说明尼安德特人比几千年前的人类更聪明，可他们为什么突然在三万年前灭绝了？

从考古研究可见，尼安德特人出现在大约二十四万年前，灭绝于约三万年前。而智人是五万到六万年前从非洲来到欧亚大陆的，此时的尼安德特人已经在欧亚大陆横行很久了。在灭绝之前，尼安德特人的身影到处都有，从西欧、英国南海岸、中欧和巴尔干、乌克兰和俄罗斯西部，就连伊朗和直布罗陀海峡都发现过。他们身体短粗，身高不超过一米七，骨头又厚又重，比现代人强壮得多，尤其手臂非常有力。尼安德特人的最大特征是大鼻子，在几乎所有的复原图和苏联军人的描述中，尼安德特人的脸在大鼻子衬托下显得很平。

尼安德特人身材壮硕，肌肉强健，在演化上非常成功，可为什么还不如人类的近亲黑猩猩和大猩猩，它们都能存活下来，而生存能力更强的尼安德特人却灭绝了？这种神秘现象困扰了科学家几百年，根据1976年7月的英国《每日邮报》报道，法国著名化石专家费尔南多·罗兹说："我相信尼安德特人的消失很有可能是被我们的祖先——智人给吃掉了。"

这个恐怖的结论是从一块尼安德特人骨化石中得出的，在那块骨化石上有明显的切口，和早期人类在石器时代猎杀动物时留在骨头上的切口完全一样。也许那时的人类祖先一时找不到合适的食物，于是把尼安德特人当成鹿给猎杀了。但这也说不通，因为尼安德特人比那时的人类祖先更聪明和强壮，要是真打起架来，谁吃谁还说不准。

那么尼安德特人是怎么消失的？在1988年4月，美国布朗大学语言学家菲利普·利伯曼认为，尼安德特人那低级的语言能力应该是灭绝的主要原因。他们根据尼安德特人头骨建立了声道模型，再用计算机让其发音，研究发现尼安德特人的声道和猩猩、人类婴儿一样，是单道共鸣系统。这种系统的发音能力十分有限，语言的落后大大影响了思想交流和社会发展，最后才慢慢灭绝。

但这个解释也说不通，黑猩猩和大猩猩的发音系统更落后，可它们为什么能活下来而尼安德特人不能？

另外，还有人猜测尼安德特人并没有完全灭绝，在20世纪70年代，苏联的教授波里斯·朴契涅夫发表过很多相关论文，称苏联科学院曾经在20世纪50年代报道过，有人在西伯利亚东部的寒冷地区发现了一群叫"丘丘拉"的野人。这些人说话的音域非常狭窄，有可能是遗传突变，也有可能是尼安德特人的后裔。

在俄罗斯西伯利亚的偏远地区，当地人经常能碰到一种他们称为"阿尔玛斯"的类人生物，据说现在的高加索地区仍然有人见到过这些阿尔玛斯。他们对人类很友好，有时还会打招呼。目击者说，阿尔玛斯一般不怕人，甚至饿急了会到玉米地里啃青玉米吃。

在19世纪初，高加斯扎丹山曾经有一名男子捕捉到了一个女性"阿尔玛斯"，男子把她带到特库西纳村自己的家中，把她当成牲畜来饲养，并起了个名字叫萨纳。养了三年后，男子让她搬到屋中居住，成了他的帮手。当地有很多人都见过萨纳，她的肌肉是灰黑色的，全身长着浅红色的毛，不会说话，但能发出类似呻吟的声音来表达意思。

因为该男子贫穷娶不上老婆，后来就和这个萨纳睡在一起了，萨纳给男主人生了三个孩子，两男一女。这三个孩子皮肤都是浅黑色的，身体很强壮，但语言能力和智力与普通人没有任何区别，他们长大后都结婚生子，而他们的母亲萨纳在1880年因病而死。

萨纳的第三个孩子活了65岁后去世，他的头盖骨在1982年被莫斯科达尔文博物馆收藏。人类学家说，从眼窝上部和脑后的形状来看，明显具有尼安德特人的特征。但在得到阿尔玛斯活标本之前，我们还不能确定阿尔玛斯就是尼安德特人的后裔，尼安德特人到底还存在吗？这仍然是个谜。

沉没的大西洲——亚特兰蒂斯

它被柏拉图称为人类最先进的文明大陆，被誉为世界上最辉煌的巨岛，为什么突然沉没在大西洋之中？是地震，战乱还是核战争导致毁灭，无数文化艺术和先进科学为什么没有遗留下半点痕迹，这个传说中的大西洲文明到底在哪里？

1954 年，驻扎在古巴外海的苏联军事基地某部队的几名海军官兵发现有奇怪的生物浮在海滩朝军营方向窥探，结果被部队悄悄出动的几名特种连士兵活捉。海军官兵惊讶地发现，他们抓到的居然是一个会讲中古英语的小孩，皮肤表面都是鳞片。

据五十年后解密的苏联军方档案中，详细地记载了当时军方对这个怪物的审讯记录。记录中将此怪物称为"鱼孩"，因为看面容它也就是十几岁的孩子。双方的对话都用英语，鱼孩用的是古老的中古英语。

军方："你叫什么名字，从什么地方来？"

鱼孩："我叫阿尔弥特，是从亚特兰蒂斯来，请你们放了我吧。"

军方："就是那个传说中沉到海底的大西洲吗？"

鱼孩："是的，那次发生了巨型地震，大陆都沉入海底。我们的城市现在有三百多万人，我们的寿命能活到三百岁，我们身上的鳞片是沉没之后进化出来的。"

军方："你在海边观察什么？有什么目的？"

鱼孩："我在观察人类，我们会定期浮出海面，会穿上你们的衣服混在你们之中，然后回去报告你们人类的文明进展程度。"

档案最后写道，该鱼孩被秘密空运回俄罗斯，关押在莫斯科的一处秘密地下实验室中的巨大鱼缸里。从那以后鱼孩就不开口了，科学家们想尽办法让它讲话，但鱼孩再也没说过一句话，这份档案可能是关于沉没的大西洲的唯一军方材料了。

公元前350年，希腊先贤、哲学家柏拉图的《对话录》在古希腊开始流传，柏拉图是大哲学家苏格拉底的弟子，提倡仁爱政治哲学，同时他也是西方哲学奠基人。在这本《对话录》中，柏拉图用对话的形式首次描述了这个沉没的大西洲—亚特兰蒂斯国。在书中称，这个亚特兰蒂斯是个巨大的海中大陆，面积比整个亚洲还要大，足有两千万平方公里。该国高度发达，也是大西洲文明的核心，有人称它是地球的第八大洲。

根据柏拉图的记载，在一万两千多年前，亚特兰蒂斯人就在大西洲建立了庞大的帝国，并用海神波塞冬的长子"亚特拉斯"的名字命名帝国首都。书中还说："亚特兰蒂斯山脉绵延数千公里，辽阔而资源丰富，孕育出了高度发达的社会。帝国历经了十任帝王的统治，当时整个世界都没人能抗衡。但富足的生活让亚特兰蒂斯人开始腐化和堕落，最后激怒了天神之王宙斯。宙斯用海啸和地震只在一天一夜之间就把整个大西洲沉入海底，这个先进的亚特兰蒂斯国从此消失了。"

当然，柏拉图在书中的记载有很多疑点，以至于不少学者都把它当成神话故事来看。但越来越多的科学调查发现，在现今大西洋的位

183

置不应该是光秃秃的,而应该有一块大陆才对。19世纪中期,被称为"亚特兰蒂斯之父"的美国著名考古学家德奈利就提出了"十三大纲领论",用十三条理论来证明古亚特兰蒂斯确实存在。

1. 远古时期的大西洋中央确实有过大型陆地,它们属于亚特兰蒂斯的一部分,在地质变迁后消失;

2. 柏拉图在书中记载的亚特兰蒂斯的故事绝对真实;

3. 亚特兰蒂斯是当时人类文明最发达的地区;

4. 亚特兰蒂斯城的人口越来越多,后来开始向世界各地迁移,把高超的技术带了过去,比如埃及金字塔和玛雅天文学等;

5. 圣经在《创世纪》中描述的那个人间天堂"伊甸园"就是亚特兰蒂斯;

6. 在古希腊和北欧神话中的"神"也是亚特兰蒂斯的国王、王后和英雄们;

7. 埃及和秘鲁古老神话中都有亚特兰蒂斯崇拜太阳神的有关雕刻;

8. 埃及是亚特兰蒂斯人最初的殖民地;

9. 欧洲的青铜器制造技术也是亚特兰蒂斯人传过去的;

10. 欧洲文字中有很多字母,其原形也来自亚特兰蒂斯;

11. 亚特兰蒂斯是印度和欧洲各民族的第一祖先;

12. 在一万两千年前,亚特兰蒂斯大陆因为地震而沉没在大西洋;

13. 地震后有极少数居民乘船逃离了这个岛,于是在世界各国的很多神话中都留有上古关于大洪水的传说。

不管怎么说,德奈利的十三大纲领都没有什么确切的证明,所以很多学者还是持怀疑态度。但在2009年5月14日,美国考古学家罗伯特·萨尔马斯忽然宣布，在塞浦路斯和叙利亚附近的海域发现有大量古代亚特兰蒂斯的踪迹。尽管许多人都怀疑，认为寻找那个完全不存在的亚特兰蒂斯是很可笑的行为，但萨尔马斯始终坚信亚特兰蒂斯存在。"他们不相信亚特兰蒂斯存在，只是因为他们不了解亚特兰蒂斯。"萨尔马斯笑着说。

萨尔马斯带领科研小组经过不懈的努力，终于发现了亚特兰蒂斯确实存在的有力证据。首先在塞浦路斯和叙利亚附近的海域发现很多水下人工建筑，该建筑在塞浦路斯海岸东南八十公里处，距离水面约有一千五百米。用水下声波定位仪探测显示，在水下还有一段约三千米长的城墙，和一个砌着围墙的山顶，甚至还有战壕。

这些发现让萨尔马斯等人很受鼓舞，虽然这些东西并不能证明那就是一座巨大的城市，但萨尔马斯坚信，塞浦路斯就是亚特兰蒂斯的顶部，海水底下肯定还埋着更多的建筑。萨尔马斯和他的小组继续努力工作，全力追寻神话的踪迹。

2009 年，又有来自不同国家的科学家对亚特兰蒂斯的地点给出了新说法。英国爱丁堡大学考古学遥感技术应用专家托尼·威尔金森在一张卫星图片上指出，西班牙南海岸的盐沼地区和柏拉图所描述的情况极其相似。

德国伍珀塔尔大学的考古学教授雷纳·库尼教授也认为，那个传说中的亚特兰蒂斯很可能就是公元前 800 年到公元前 500 年间被洪水淹没的西班牙南海岸。他说："在加的斯港口附近的那片盐沼区里，有几座长方形建筑的遗迹，其中一个很可能就是柏拉图记载的那个供奉海神波塞冬的银殿，而另一个是供奉波塞冬和王后的金殿。"两个月后，瑞典地理学家乌尔夫·埃林也说："柏拉图描述的亚特兰蒂斯，很多测量数据和地势情况跟现在的爱尔兰几乎完全一样，我不明白为

185

什么以前没人提出来过！"

　　人们寻找亚特兰蒂斯真相的脚步从没有停止过，大西洋、爱尔兰、黑海、亚速尔群岛……相信在不久的将来，人们最终会找出神奇的亚特兰蒂斯真相！

远古高科技

原始人类是很落后的，而人类尚未进化之时，在地球上竟然已经有了发达文明的产物？这是鉴定错误，还是史前人类遗留下来的东西，甚至是外星人造访地球时忘了带走的？人类真的已经毁灭过数次了吗？

人类的历史已经有定论了，最早的出现在四百万年前，但那时的人类还只是类人猿，只能制造出最简单的石器，这一点连现在的大猩猩也会。所以那个时期的人类就和现在的大猩猩没什么区别，他们连语言都没有，也完全称不上什么文化。但就是在那种极原始的时代，居然经常发现出土只有现代科技才能制造和完成的工具，有些甚至连现代技术都无法实现！这到底是怎么回事？

18 世纪初，土耳其托普卡比宫遗址出土了一张古地图，已经是多次的复制品，但图中的地球大陆都有球面变形，与今天我们在宇宙飞船上拍到的照片一样。它不仅记录了地中海，还有在南极冰川下的山脉与河流，这和人类在 1952 年首次用回声探测法得到的冰盖下地形完全相同！而南极没有被冰层覆盖是在五千年前的事了，可地图又是谁画的？只能肯定绘制者是会飞的，而且掌握了拍摄技术，可人类制造飞机的历史只有一百多年啊！

在埃及和伊拉克的博物馆都收藏了很多在一千多年前古遗址发掘出来的水晶透镜，大英博物馆的埃及文物区也有。在今天，想要制造出这种透明度的透镜必须用氧化铯技术，而电化学方法在地球上只有一两百年历史，可这些水晶透镜已经有上千年了，几千年前的古人就掌握了电化学方法吗？

1921 年，在秘鲁安第斯山脉的高原上，曾经发掘出很多远古秘鲁人的遗迹，其中有一些铂制的装饰品，而铂的熔点是 1800 摄氏度。远古秘鲁人当然不可能有达到一千多摄氏度高温的机械设备，可这些铂制品是从哪里来的？

1944 年 6 月，法国考古学家在秘鲁境内发掘出一具木乃伊，木乃伊衣服上挂着一串用石英石制成的串珠，连接这串石英珠子的并不是绳或丝线，而是一条看上去极细的金属线。这条金属线比现在家庭中所用的缝衣线还要细十几倍，但无论怎么用力也拉扯不断。而更让人想不通的是，这些石英珠上穿线的小孔竟然细到只有百分之一毫米，这可是用钻头无法实现的。现代科技能钻出这样的细孔只有一种工具，那就是激光打孔。可激光是 20 世纪才有的高科技产物，远古时期的秘鲁又是怎么钻出来的？

自从 1969 年美国宇航员登月后，美国人在月球表面采集了很多物质标本。科学家们在标本中发现了一种奇特的黑金属，称为"月球铁"。这种铁永不生锈，能长期保持光亮，因为它的成分是纯铁，不含任何磷、硫等杂质，纯度极高，几乎达到了百分之百。奇怪之处就在这里，月球上从未居住过智能生物，但"月球铁"又是从哪里来的？在地球上也有这么一根铁柱，它屹立在印度德里的一家寺庙门口，历经一千多年的风雨洗礼也是从不生锈，因为它也是纯铁。这连现在的冶炼技术都达不到，一千多年前的古印度人又是怎么制造出来的？

1987 年，法国里昂的一家化工厂从非洲加蓬共和国进口了一批奥克洛铀矿石，工厂主惊讶地发现，这批进口的铀矿石已经被人用过。开始他们以为被骗了，可化验后发现，这批铀矿石的含铀量为 0.72% 左右，而普通的奥克洛铀矿石的含铀量最多只应该有 0.3% 才对！这种奇怪的现象引起物理学家的注意，他们来到加蓬共和国的奥克洛铀矿进行考察，居然发现了一个史前的古老核反应堆！该反应堆由六大区域共五百吨铀矿石组成，总输出功率有一百千瓦。反应堆保存很完整，结构也非常合理，估计运转的时间不会低于五十万年。

这就很难解释了，奥克洛铀矿的形成年代大约在 20 亿年前，而这个核反应堆的年代与铀矿的年代差不多。可人类在几十万年前才学会了用火，那又是谁制造的这个古老核反应堆？难道在 20 亿年前地球上就已经有了人类？

在 1989 年，美国加州奥兰恰市洛亨斯礼品店的三位合伙人兰尼、米克谢尔和麦西在海拔一千三百多米的山峰上找到一块化石，当他们把化石锯开时，坚硬的金刚石锯刃居然坏了。打开化石后发现中间是空的，里面有一个陶瓷轴环，中央是金属制成的圆芯，轴环外面还有个已经变成化石的木制六边形套筒。这分别是一个汽车用的火花塞！据地质学家估计，这块化石早在 50 万年前就已经形成，可五十万年前哪来的汽车火花塞呢？

这么多令人匪夷所思、无法用科学来解释的现象，到底是怎么回事？刚才举的只是少数例子，世界各地诸如此类事件和报道层出不穷，每件都让人感到诡异万分。

1844 年，苏格兰特卫德河矿工在地下二千七百四十多米的岩层中发现藏着一条金线。

1845 年，英国布鲁斯特爵士在路过苏格兰京古迪采石场时，在石块中发现一枚嵌在鹅卵石中的铁钉。

1851 年，美国马萨诸塞州多契斯特镇在炸岩石的时候，从岩床中炸出了两块金属碎片，合拢后是一件钟形器皿，高约十二厘米，宽有十七厘米，经化验后用类似锌和银的特殊合金制成，表面铸有花形图案，花蕊中镶着纯银，底部镌刻藤蔓图案。

1852 年，在苏格兰北部的煤矿中，发现一根铁制钻头，钻头是在一块完整的煤块中找到的。

1885 年，澳大利亚某面包坊工人砸碎煤块时发现其中有个金属物，是个规则的平行六面体，两面隆起，剩下四面有深槽，形状非常规则⋯⋯

这还只是 19 世纪所发生的事件，在 20 世纪的更多。到底是什么原因，众说纷纭，越来越多的人怀疑人类在诞生之前就已经毁灭过数次了，你相信吗？

第七章 神秘财宝

　　俄国沙皇所遗留的五百吨黄金去哪了，欧洲最著名的圣殿骑士团所敛的财宝为什么找不到？横行大海的海盗会把抢来的金银都藏在什么地方，传说中所罗门王那丰富的宝藏是否还在，"二战"时期纳粹从犹太人和占领国抢夺的巨额黄金为何神秘消失？诡异的丹漠洞中到底有什么凶险，却让寻宝者一批批冒着死亡的风险进入它？

沙皇五百吨黄金

在俄国革命后，沙皇命人带着多年搜刮的五百吨黄金出逃，可为什么最后连半块黄金也没找到？这些黄金是沉到了贝加尔湖底，还是被秘密埋藏在某个地方，甚至是被送到日本去了？唯一的知情者史密斯和达妮姬为什么也神秘失踪？

1919 年 11 月 13 日，俄国"十月革命"刚刚胜利，末代沙皇尼古拉二世早在一年前就被布尔什维克在叶卡捷琳堡的地下室中枪决了。但他生前已经安排好了一件事，命令沙俄海军上将阿历克赛·瓦西里维奇·哥萨克率领一支秘密部队，护送有二十八节车厢的装甲防弹列车从鄂木斯克沿铁路向中国东北边境飞驰而去。戒备森严的火车上装着非常重要的东西，但既不是人也不是资料，而是黄金，整整五百吨黄金。

末代沙皇尼古拉二世在位的二十八年，从民间搜刮了不少民脂民膏，最方便携带的就是黄金了。在十月革命刚开始的时候，尼古拉二世就开始将皇室所有的黄金收集在一起，并装上列车。哥萨克将军是沙皇的忠实部下，他趁着战乱逃出莫斯科，率领列车开赴中国。列车和看押部队在路上行进了三个月才来到贝加尔湖畔，由于供给不多，部队人员纷纷死去。哥萨克将军发现前面的铁路已经被破坏，无奈之下只好命令部队乘雪橇穿过冰冻的贝加尔湖向中国边境进发。

十一月的俄罗斯正值冬天，湖面上被冻得很牢，武装人员冒着风雪和严寒把这五百吨黄金装上雪橇，雪橇部队在足有八十公里宽的湖面上缓慢前进。到了1920年3月，贝加尔湖面的冰层突然开裂，哥萨克将军的部队和那五百吨黄金全都沉入湖底。

这批黄金从此后再也没人见到过，布尔什维克曾经几十次派人沿着哥萨克行进路线一路搜索，但找不到任何线索。1938年，生活在美国的一名沙俄军官斯拉夫·贝克达诺夫终于公开了自己的身份，他就是那次黄金护送行动的参与者之一。

"那五百吨黄金根本没有沉到湖里，它们早在布尔什维克部队来到伊尔库茨克前就被转走了。因为当时的形势已很紧张，就算是中国的东北也不安全，所以最好的办法就是把黄金先秘密埋藏在附近。当时，我和一个叫德兰柯维奇的军官奉命负责埋藏行动，我们带上共四十五名士兵，把黄金从火车内转移出来后，就把它们埋在附近一座倒塌教堂的地下室中。"贝克达诺夫说，"埋完黄金之后，我们把这四十五名士兵带到一个空旷的采石场上，我和德兰柯维奇各用一挺机枪把他们都给打死，返回的路上我发现德兰柯维奇居然还想杀我，但被我抢先一步用手枪打死了，现在我是唯一的知情者。"

出逃美国的贝克达诺夫在1959年曾经利用苏联大赦的机会回到了祖国，还在马格尼托哥尔斯克遇到在美国加州认识的一位美国工程师。这名工程师的假名是约翰·史密斯，他很了解贝克达诺夫的情况，建议先去当年埋黄金的地方看看。于是他们在一个叫达妮姬的姑娘陪伴下，三人在距西伯利亚铁路三公里处的那座废弃教堂地下室中找到了完好的黄金。他们只取走了一小部分黄金，在他们驾驶吉普车想穿过格鲁吉亚边境时，突然被当地驻军疯狂扫射，贝克达诺夫被当场打死，史密斯和达妮姬扔掉汽车和黄金逃出苏联。

从那以后，再也没有人见到过史密斯和达妮姬，有关黄金埋藏地点的信息又中断了，沙皇的五百吨黄金似乎已经成了传说，甚至有人开始怀疑到底有没有这回事。

1994年，俄罗斯发表了一份公开文件，称1920年被布尔什维克处决的俄军统帅高尔查克将军曾经将二十二箱金条送到日本。由于没有确凿的证据，俄罗斯无法把这件事提高到外交层面。但俄罗斯媒体报道称，东京方面已经承认苏联将价值二十七亿美元的黄金存放在日本，但日本政府拒绝就这个问题发表任何评论。

俄罗斯人为什么要把这么多黄金送到日本呢？原来末代沙皇尼古拉二世和当时的俄军统帅高尔查克将军为了购买先进武器打败敌人，他们从1914年就开始向外国预支了至少五百吨黄金的货款，其中给日本的黄金就值二十几亿美元。但不久之后俄罗斯爆发内战，尼古拉二世还没来得及收到日本人出售给他的武器，就被革命者推翻杀死了，俄方既没有得到武器，也没收到日本人退回的黄金。

这批黄金是高尔查克将军在1920年亲自押送到日本的，俄罗斯观察家西罗特金在他出版过的四本书中说："这批黄金原本要用来购买武器，但高尔查克将军却没有得到一支枪。"据西罗特金的估计，到现在这些黄金连本带利至少值八百多亿美元，他还说这批黄金现在还存在日本三菱银行的地下金库里。

难道这才是事件真相？沙皇的那五百吨黄金并没有沉到湖底，而是拱手送给了日本人？狡猾的日本人如果真有五百吨黄金，为什么在"二战"中没有取出来购买战备物资呢？所以很多人对此持怀疑态度，到底这些黄金在哪里？恐怕只有天知道了。

圣殿骑士团宝藏之谜

这些号称穷骑士的圣殿骑士团成员一夜暴富，当他们被法国国王全部杀光的时候，却发现他们已经把巨额财宝转移起来，这些宝藏到底在什么地方？为什么千百年来那些苦苦寻找财富的人永远一无所获？

1307 年 10 月 5 日，法国里昂。

数千名全副武装的皇家卫队闯入里昂西北部一座宏伟城堡中，将这里正在召开集会的两千多名圣殿骑士团成员抓获，有一部分人开始抵抗，皇家卫队毫不留情地动用长矛和长剑，将所有反抗者全部杀死，剩下的抓捕入狱。

这只是法国国王、被称为美男子的菲利普四世策划的铲除圣殿骑士团行动的第一步。因为行动周密而且迅速，不到两个月内，在法国境内的九万名圣殿骑士都被抓获或处死。国王同时还没收了圣殿骑士团的财产，包括他们所拥有的封地、居住的城堡、开办的银行和大量艺术品，但这些都不是菲利普四世最关心的。

阴森的皇家地下监狱中，年轻的谢·德·博热伯爵用几百枚金币的代价被获许悄悄探望一名囚犯，这可不是普通的囚犯，他的名字叫雅克·德莫莱，圣殿骑士团的首领——大团长。这个人曾经是无比威风不可一世的，他的权势在某些地区甚至超过了国王和教皇，但现在的德莫莱却被打得浑身是伤，人也苍老得认不出来。

谢·德·博热伯爵隔着铁栅栏抓住德莫莱的双手，流着泪说："叔叔，我现在该怎么做？"

德莫莱四下看看没人注意，从脖子上摘下一串黄金制成的徽章项链递给他，边咳嗽边低声回答："不要担心，国王毁灭不了圣殿骑士团！这是大团长徽章，现在你就是圣殿骑士团的大团长了，你要拯救圣殿骑士团，绝不能让它毁在国王手中！圣殿骑士团有很多财宝，被国王抄走的只是小部分，我们已经将这些财宝秘密保存起来了。"

"这、这些财宝在什么地方？"谢·德·博热连忙问。

德莫莱冷笑着说："就在前任大团长的陵墓中！前任大团长的遗体已经被转移出陵墓，现在陵墓里都是圣殿骑士团的秘密档案，上面记录着找到圣物和珍宝的方法，只要有这些珍宝，我们就能摆脱非基督教的影响。这些财宝都是从圣地弄出来的，最主要的有耶路撒冷国王的王冠、所罗门王的那七枝金烛台、四部塞皮尔克勒插图的纯金福音书。"

谢·德·博热惊得张大嘴说不出话来。德莫莱又道："但那些数量最多的金币和黄金就藏在大团长陵墓入口处祭坛的那两根巨型石柱中。那两根柱子的顶端有机关，可以转动，柱身是空心的，里面都是圣殿骑士团积攒的黄金。"

圣殿骑士团是1119年由法国的几个穷骑士建立的，那时候他们的初衷还很单纯，就是为保护朝圣者在路上不受袭击，同时还能保卫新建立的耶路撒冷拉丁王国。这个宗教军事修会的总部设在耶路撒冷犹太教圣殿，所以也叫"圣殿骑士团"。圣殿骑士团成立后，陆续得到了朝圣者们大量的捐赠，教皇也给了他们很多好处，比如封地和城堡。这些人开始对基督教徒进行敲诈，也为朝圣者开办银行，称得上是欧洲最早的银行家。

这些人的生活越来越奢侈，又贪得无厌，同时还密谋参与很多政治活动，这引起了欧洲各国国王和其他修会的不满。终于在1307年，法国国王"美男子"菲利普四世开始秘密逮捕所有法国的圣殿骑士团成员，几乎一网打尽，而罗马教皇克雷芒五世也在1312年正式宣布将圣殿骑士团解散。

菲利普四世打击圣殿骑士团还有另外的算盘，那就是用他们的巨额财富来补贴国家财政开支，但没想到的是，圣殿骑士团却把大量财富都藏了起来，菲利普四世怎么也找不到。在1314年，大团长德莫莱被法国国王正式处死，而谢·德·博热伯爵成立了一个叫"纯建筑师"的组织，他请求菲利普四世同意把他叔叔德莫莱的遗体埋葬到家乡。

菲利普四世哪里知道谢·德·博热的鬼算盘，他同意了。谢·德·博热趁机来到前任大团长的陵墓，派人从两个巨大石柱的中央取走了很多黄金、白银和宝石等物。他把财宝装进叔叔那巨大的棺椁里，另外还装满了几十口大箱子，再转移到只有心腹知道的安全之处。但后来谢·德·博热被人暗杀，这些财宝的下落就成了谜。

1950年8月，一名自称是英国某教会代表的英国上校来到法国罗讷省夏朗泰市的阿尔日尼城堡，专程来找城堡的主人雅克·德·罗斯蒙伯爵。这位上校的目的很简单，他要把阿尔日尼城堡买下来，而且出价极高——他愿意出一亿法郎的天价买下这座古城堡。

但罗斯蒙伯爵的回答却是两个字："不卖！"

为什么有人会出天价买一座并不是很新的城堡？原因很简单，该城堡在六百年前就是谢·德·博热的。

1952年，对圣殿骑士团符号体系很有研究的考古学家克拉齐阿夫人来到阿尔日尼城堡，她对城堡进行了长达数天的考察，然后她说："我敢打赌，圣殿骑士团的那些财宝就藏在这座城堡里！因为我发现了一些与藏宝有关的符号，这些符号从大门口的雕花板开始出现，一直延续到

197

阿尔锡米塔楼。我能辨认出几个古埃及文字，它表明除了圣物外还有大笔的财宝。"

克拉齐阿夫人还提到："阿尔锡米塔楼上有八扇又小又高的三角形窗户，其中有一扇窗是用水泥和石头堵死的，要想得到财宝，就必须打开扇窗户，并在 6 月 24 日这一天观察射进窗户的光线。下午两点到三点的阳光会起决定性作用，它照射的地方肯定有什么指引，但我没有机会做这些事情，除非我能把城堡买下来。"

她的话对很多人起了作用，对圣殿骑士团财宝很感兴趣的巴黎工业家尚皮翁就想买下阿尔日尼城堡进行发掘，但城堡的主人罗斯蒙先生根本不卖。罗斯蒙说："我知道这座城堡以前属于谢·德·博热伯爵，也许他真的把什么财宝藏在这里，但我不感兴趣，我也没有理由拆毁这座令人肃然起敬的古老城堡。"

在法国有一个叫"寻宝俱乐部"的民间组织，他们根据资料认为，圣殿骑士团的财宝不一定在阿尔日尼城堡，也有可能隐藏在法国夏朗德省的巴伯齐埃尔城堡，因为那里也有过很多圣殿骑士团符号。巴伯齐埃尔城堡四周有三块圣殿骑士团的封地，其中的利斯封地还发掘出过一座墓穴，里面的石碑上刻着很多神秘符号，也许与保护黄金有关。

另外还有几处地点引起了寻宝者的怀疑，比如法国的巴扎斯、瓦尔市的瓦尔克奥兹城堡等地，但只能是猜测，人们什么也没找到。

能肯定的是，圣殿骑士团当年确实把大笔财宝藏了起来，但究竟藏在什么地方，其谜底也许就像那些刻在石头上的神秘符号一样，永远难以捉摸。

千古沉船

几千年来，大海不知道吞没了多少沉船，这些船很多都满载金银财宝，甚至不为人知的秘密。那么它们都在什么地方，有没有人去寻找它们？这些财宝的来历又是什么，为什么会沉入海中？它们的归属者又是谁呢？

1925 年 9 月，荷兰业余潜水爱好者罗尔西照例和朋友一起在荷兰北部的北海沿岸潜水，罗尔西在海底经常能找到一些漂亮的贝壳，有时里面还有珍珠，但这次完全改变了罗尔西的人生。

他找到了一艘不到五米的沉船，在头戴式探灯的照射下，能看出这艘船已经烂得很厉害，很多鱼在船中游进游出。罗尔西好奇地摸这摸那，忽然一块腐烂的船板掉了下来，从船内慢慢飘出一把冒着水泡的金属水壶。罗尔西等三人总共从船中打捞上来六十多件金银制品，还有五百多枚金币和项链、纯金烟盒等物品，经荷兰一家经验丰富的拍卖公司鉴定，这些都属于十六世纪初哈布斯堡王朝时期的珍品，总价值在一千七百万美元左右。罗尔西和另外三位朋友均分了这些钱，而且没有任何风险，因为根据国际物权法，海底私人船只中的物品有权归打捞者所有。

自古以来，沉船宝藏一直都是考古学家、探险家和梦想家眼中的热门。据联合国教科文组织在 2001 年 6 月发布的一组数据称，估计在全球的海底约有近三百万艘各类大小沉船，其中只有极少的一部分被人们发现，大部分还都沉睡在海底。这些沉船中有十分之一左右包括有价值的东西，如金银、货币、稀有金属和工艺品等。

　　奥德赛海洋探险公司是全球第一家专门从事在海洋底部打捞沉船而营利的公司，他们拥有先进的打捞和探测仪器，号称只要能找到位置，就没有捞不上来的沉船，哪怕是泰坦尼克号。该公司于 2005 年成立，两年内都没捞出什么有价值的东西，但在 2007 年却有了重大发现。在这年的 8 月初，奥德赛海洋探险公司在葡萄牙境内的大西洋海岸底部成功打捞上一艘大帆船，经鉴定是 1804 年沉没的西班牙商船、大帆船"梅赛德斯号"。

　　"梅赛德斯号"大帆船是专门运载特殊商品的，这种商品不是别的，而是钱——金币和银币。西班牙入侵南美洲时，就开始利用当地丰富的矿藏向本国输送物资。西班牙政府先是在安第斯山脉大量开采金银矿，然后就地冶炼和铸造成西班牙货币，这种无本生意极大地缓解了西班牙本国贵金属的缺乏。

　　1804 年，"梅赛德斯号"满载着几十万枚银币和近万枚金币返回西班牙，但在直布罗陀海峡被英国战船击沉。直到 2007 年 8 月，奥德赛海洋探险公司才把它从海底捞了上来。从里面找到五十七万多枚银币和两百余枚金币，另外还有金制烟盒和镶银烟斗等个人物品。以最保守的估计，这批财宝也价值五亿美元！

　　奥德赛海洋探险公司把辉煌战果向媒体公开展示，结果西班牙不同意了，他们通过国际法庭起诉奥德赛海洋探险公司，要他们归还这些属于西班牙的财宝。一转眼五年过去了，双方的法律拉锯战终于在 2012 年 11 月有了结果。美国联邦法官裁定：驳回奥德赛公司拥有这批财宝的申诉，该批财宝归西班牙所有。奥德赛公司表示不满，他们上诉说，"梅赛德斯号"大帆船是在贸易途中沉没的，所以没有证据说明船中货物是西班牙的。奥德赛公司还说，他们在打捞、存储、运送和保护财宝的过程中花了近三百万美元，要求西班牙双倍支付这笔钱。这时秘鲁也插进一脚，因为当时这批金银币从开采到铸造都是在秘鲁境内完成的，因此秘鲁政府也出面，极力阻止把这批财宝归回西班牙。

但最后财宝还是被运回了西班牙，足足装了两架飞机，共约十七吨。财宝先是存放在首都马德里，后来又转运到地中海城市卡塔赫纳的水下考古国家博物馆。从 2013 年开始，这批财宝将在西班牙国内的各家博物馆循环展出。

奥德赛公司赔了夫人又折兵，但并不是所有的沉船打捞者都这么倒霉，正相反，那些有幸打捞到财宝沉船的人，都因此而大发横财。在2003 年，另一家探险公司在大西洋海底发现了明轮蒸汽船"SS 共和号"，该船是 1865 年 10 月 25 日从纽约驶往新奥尔良途中遭遇飓风而沉没的，那还是美国南北战争时期。船上价值连城的货物全部沉入海底，打捞公司在沉船地点共发掘出五万多枚美国金银币和一万四千多件文物。

要是评比最值钱的沉船，非日本"阿波丸"号莫属了。传说中的"阿波丸"号是一座四十吨的金山，它在 1945 年 4 月被美军潜艇"皇后鱼"号用鱼雷击沉，地点就在福建省牛山岛附近，船上都是从东南亚撤往日本的日本侨民。美国《共和党报》1976 年 11 月的特刊中说，"阿波丸"上装了最少四十吨黄金、十二吨铂金，还有大量美元现钞和工艺品、宝石等几十大箱子。这些东西的打捞价值不会低于三亿美元，除了金银财宝之外，"阿波丸"沉船上最重要的无价之宝是"北京人"头盖骨化石。

中国打捞队也曾经在 1977 年对"阿波丸"沉船进行了打捞，但并没有发现黄金宝石等物，自然也没找到"北京人"的头盖骨化石。但很多学者认为，那次打捞既不完整也不专业，那些无价之宝现在还躺在海底，如果让奥德赛公司这样的专业打捞公司来干，效果很可能就完全不一样了。

最著名的沉船就是"泰坦尼克"号了，它也是被人谈得最多的沉船。由美国"第一展览"公司出资成立的 RMS 泰坦尼克打捞公司专门负责对"泰坦尼克"号的打捞。在 2012 年，正是"泰坦尼克"号沉没整整一百周年，该公司将 2007 年从"泰坦尼克"号中打捞出来的物品在纽约格恩齐拍卖行公开拍卖，引起了全世界收藏家的关注。

这恐怕是拍卖规模最大的一次拍卖了，共有五千五百多件瓷器、几万枚金银钱币、七百多件宝石或珍珠饰品，另外还有几百件私人物品，如鼻烟壶、戒指、金属烟盒、怀表等物。按照拍卖行在 2007 年的估价，这些东西总价值已经超过两亿美元了。

"除了那些遗失几百年的、几亿美元的财宝以外，每一艘沉船都是一座博物馆。"美国奥德赛海洋探险公司创始人格雷格·斯德姆如此说。毕竟现在人们打捞出来的沉船只占全部沉船的百分之一还不到，那些静静躺在海底、身边围着游鱼的金银珠宝，永远吸引着考古学家和打捞者的目光。

纳粹黄金失踪之谜

"二战"魔鬼德国纳粹，在占领欧洲各国期间搜刮了无数金银珠宝，可在战后这批财宝却不翼而飞，它们是被秘密埋藏在某个地方，还是沉入了海底，或者是被什么人据为己有？那些巨额财富还有没有重见天日的机会？

在人间魔王希特勒挑起的全球战争中，纳粹德国每到一个国家，就先占领这个国家的银行和金库，再强抢当地的富商和高官，尤其是从富裕的犹太人身上搜刮无数。不仅如此，纳粹法西斯还在集中营内的受害者身上掠夺黄金首饰，甚至把他们口中的金牙都摘下来。纳粹将这些抢来的财宝中的黄金成批运回德国，再将其熔化铸成金条，上面统一刻着"德意志帝国银行"的字样。

在短短七年的时间里，纳粹就收集了至少两千吨金条，这些金条是当时全欧洲黄金贮备的三十分之一！虽然这些"战利品"的一多半都被用来支付战争开销，但直到"二战"结束那天，纳粹德国银行里的黄金数量仍然非常可观。

1944年4月末，盟军包围了德国首都柏林，即将灭亡的纳粹德国大势已去，希特勒决定将"德意志帝国银行"中的剩余黄金迅速转移。军官们命令党卫军将所有掠夺来的黄金从银行地下金库里搬出，统一装在木箱里，再以欧宝军用卡车从柏林秘密运出，目的地是巴伐利亚南部的上巴伐利亚行政区。但从那以后，这批纳粹黄金再也没有抵达过目的地，从此下落不明。

在 2011 年最新解密的"二战"军事档案中显示，希特勒命令当时的军备军品部部长阿尔伯特·施佩尔成立了一个叫"托特组织"的纳粹德国半军事性政府机构，专门用来解决这些黄金的问题。施佩尔从 1943 年初就开始指挥大批犹太人劳工和战俘奴隶，坐船来到莱比锡市附近的莱纳沃德森林。档案中一名党卫军中校的证词是这样说的："那些战俘和劳工在军官的监督下昼夜干活，在森林中修建了一个巨大的秘密地堡，是专门用来储存黄金的。地堡建成之后，这些劳工和战俘全都就地枪决。"

这名党卫军中校的话是可信的，因为很多史料都显示，在 1943 年有很多犹太人劳工和战俘都被陆续送往莱纳沃德森林，但并没有返回的记录，全都下落不明。而另一份军事档案则显示，在 1945 年 4 月 9 日，当时的同盟国已经拥有绝对制空权，德国空军的飞机没剩几架，就算能飞起来，也会迅速被击落。但德国空军却在这种情况下主动发动了一场空袭，纳粹的战斗机起飞之后就对莱纳沃德森林进行大规模轰炸，将那里变成了一片废墟。

这次行动当时在盟军看来是毫无意义的，而且那些战斗机也被盟军全部消灭，但现在看来，纳粹空军冒险做这种事，明显就是为了把埋藏黄金的地堡附近炸平，让别人无法探知这里的秘密。

在盟军俘虏的几名将军中，有一名叫施泰因的中将向巴顿将军透露，他曾经听负责处理黄金的同僚提起说，说希特勒下过命令，不能把所有战利品黄金都存放在一个地方，于是他们把另一小部分黄金运到了德国图林根西南部哥达镇，但具体在什么地方不知道。

根据这个情报，巴顿将军派出一支美军终于在 1945 年 4 月 13 日于德国图林根地区哥达镇西南的默克斯盐矿内发现了秘密。这是一个巨大的水泥仓库，让当时在场的很多盟军士兵看傻了眼。仓库是一间有单独发电机照明的水泥密室，宽有二十三米、长约四十六米，里面堆了至少有一百吨金条。金条用七千多个有标记的袋子装好，每个袋子都有半米高，足足堆放了二十排，每排的间距有一米。房间的另一侧则是成捆成捆的现钞，每捆的扎捆纸标签上都印有"梅尔默"的章，这是典型的纳粹党卫军化名账户。

巴顿非常清楚这笔巨大财富的政治性，他立即将该笔财宝交给盟国远征军最高统帅部接管。4月15日，这些财宝在战斗机的保护下，用几百辆卡车运往法兰克福德国国家银行。统计工作足足进行了半个月，共有八千多块金条、五十五箱金砖、几百袋黄金器皿、一千三百多袋金德国马克、金法郎和金镑。

另外，还有从十几个欧洲国家抢来的几百袋金币和银币、十九袋古代金币、几千万德国马克钞票、四吨银锭、大量银条和银盘、一袋铂金锭。除了这些，还有从十几个国家掠夺来的一百二十余袋钻石珠宝，和大量来自欧洲各国博物馆及私人收藏的珍贵艺术品，如油画、金银首饰、钟表和工艺品等……

到了1946年初，"默克斯宝藏"中的黄金货币都被移交到盟国战争赔款委员会，最后交给美英法三国"黄金归还委员会"处理，由他们负责把这些黄金还给受害国的银行。这么多财宝却只是纳粹黄金的一小部分，可想而知，藏在莱纳沃德森林的另一部分有多惊人。

1961年，当时的西德政府派出大部队在莱纳沃德森林地区寻找，但在挖掘过程中，森林中的一座老式矿井突然泄漏，冒出大量有毒气体，无奈之下"挖宝大队"只得撤离。到了1996年，曾经参加过"二战"的老兵"寻宝猎人"诺尔曼·斯考特来到莱纳沃德森林，他称在"二战"末期，盟军占领纳粹德国之后，有一名垂死的党卫军士兵亲口告诉他，

第七章 神秘财宝

说"德意志帝国银行"的黄金就埋藏在莱纳沃德森林。但斯考特花了不少钱，费尽人力物力，也同样一无所获。直到 2006 年 4 月，有当地人在莱纳沃德森林地带挖土的时候发现很多人骨遗骸，经德国政府研究，发现极有可能是当年为纳粹修建秘密地堡的劳工和战俘。

同时，德国著名历史学家希尔马·普洛什也研究了最新解密的"二战"航拍照片。通过研究英国皇家空军"蚊式"战斗机在德国上空拍的照片，普洛什惊喜地发现，有一座修建于 1944 年 8 月的建筑工事外形特别像人的脑袋，这脑袋的正面就对着莱纳沃德森林北部的区域。他坚信那里就是纳粹的"藏金地堡"方向，只要沿着这个方向挖，肯定会有收获。

德国政府在 2007 年 1 月批准了普洛什的计划，可两个多月过去了，普洛什领导的挖掘小组几乎把莱纳沃德森林都翻遍了，也没找到任何线索，最后只得放弃。

按照现在国际市场的金价来估算，这批黄金现在至少价值五亿英镑以上，按照相关国际法，这批黄金归最先挖出的人所有，但要经过德国政府的批准。时至今日，仍然没有人能成功挖出这批黄金，也许就要看你的了。

真假藏宝图

从古至今，不知有多少财宝被神秘埋藏，而找到它们的唯一方法就是那些大大小小、真真假假的宝藏地图了。而这些地图的真实性又有多少？用它们真的能找到那些传说中的神奇金银，还是藏宝者故弄玄虚甚至骗人坑人的阴谋？

美国著名马克·吐温曾经在小说《汤姆历险记》中说："那些海盗的金银财宝都是装在破木箱子里，然后埋在一棵老枯树底下。每到半夜时分，月亮照在树上，这棵树最高的那根树枝的阴影投在地面的地方，就是埋藏财宝的地方。"

大作家的这种情景描述，几乎就是加拿大橡树岛"钱坑宝藏"的翻版。

1795 年 10 月，一名加拿大年轻人在海边游玩时捡到一只漂流瓶，瓶口用软木塞和油蜡封得严严实实。年轻人打开瓶塞，里面有一张陈旧的羊皮，上面用黑墨水简单地画着一张小岛的地图，图上画有五角星的地方还有标注："这里埋着我所有的钱，如果你们能找到的话——威廉·基德。"

这名年轻人从惊讶到欣喜若狂，因为威廉·基德的名头太响了，他是一百年前著名的海盗，曾经横行海面，不光杀客商还杀别的海盗，令同行闻风丧胆，被称为"基德船长"。据说在 1701 年基德因喝醉了酒而被手下出卖被捕，随后在伦敦被处决。临死前他提出了一个交换条件：如果伦敦政府能免他一死，他就把平生积累的财宝埋藏图交出来。但他的提议遭到拒绝，因为基德杀的无辜人太多，无法免他一死，就这样，基德连同他的宝藏秘密一起被送到地狱。

年轻人费尽周折找到加拿大附近所有小岛的地图对比，最后确定，这张羊皮地图中所绘的岛就是距离加拿大东部仅有三英里的橡树岛。橡树岛又名奥克岛，只有不到两平方公里，紧挨着加拿大东部海岸。年轻人找来三个帮手上了岛，发现岛上的一大片红橡树林中有一棵古老的橡树，树枝上有挂过吊滑车的痕迹，下方有个浅坑，而这棵老橡树就是地图上标注五星的位置。

欣喜的人们开始动手挖掘，发现浅坑就像一口枯井，每挖下十米左右就会碰到一块橡木板，挖了五十米也没有结果。这已经超出了几名年轻人的能力极限，于是他们只好放弃。到了 1803 年，年轻人有了些积蓄，他雇佣一批人来到橡树岛继续挖掘，地下水灌进枯井。当挖到九十米时，看到有一块刻着占星符号的石板。经过语言破译后的大意是："在此下面四十米处埋有两千万英镑。"

人们欣喜若狂，他们找来抽水机边抽水边挖，在一天晚上用标杆探底时，发现在水下一百米处探到有类似铁板的金属硬物。当晚人们开始研究宝藏的分配问题，第二天却惊讶地看到坑内的积水已有六十米深！

希望再次成为泡影，年轻人放弃了。但别的掘宝者死不甘心，又有人陆续挖过十几次，总共耗费十多万美元，这在 19 世纪中期已经是天价。在 1850 年 5 月，这些掘宝人又有了新发现，只要是退潮时，这个"钱坑"东面五百米处的海滩上就会不断地冒水，就像吸满了水的海绵在被挤压似的。这时他们才发现，这原来是一个设计精巧而复杂的引水系统，不管你怎么挖，挖得多深，第二天海水都会把这个坑灌满，让你白费力气。

于是人们推断，当年埋钱的海盗把坑挖得很深，然后从坑的深处倒过来挖出一条斜着的侧井，那些宝藏很可能根本不在"钱坑"里，而是埋在斜井的尽头，距离地面最多不到三十米深。这样一来，海盗们就能迷惑掘宝者，而自己又能很轻松地挖出宝藏。

到了 1897 年，掘宝者又在一百五十五米深的地方挖出一张羊皮卷，上面用鹅毛笔写着第二封信："必须死掉七个人，才能找到这笔宝藏。"掘宝者面面相觑，因为这时刚好有八个人在干这件大工程，难道当时的海盗会算命？八名掘宝者动了邪心，互相残杀起来，最后竟然全都死了。

1978 年，一个由加拿大人和美国人组成的联合挖掘公司开始对橡树岛"钱坑"进行首次大规模发掘。他们先在岛中心投资一百万美元钻了巨井，高达二十层楼，又在其他地方钻出两百个洞，有的竟达一百六十米深，已经接近岩层。钻头从地下深处带出金属制品、瓷器和水泥等物，公司看到了希望，又投资再挖了一口直径八十米、深达二百米的巨型钻井，调来大型抽水泵，准备把橡树岛翻个底朝天。

可奇怪的是，再往下钻就没有任何收获了，当该公司想借钱再往深处钻时，加拿大政府出面干预，并派出部队封锁了橡树岛，从此后，那些对基德船长宝藏感兴趣的人再也没了机会找到这批财宝。

这只是世界上众多藏宝图中的一个，那些海盗或是藏宝者似乎都愿意把自己的巨额宝藏画成地图，来传给后人寻找，而地图上又故意不标注得特别清楚。这似乎已经成了电影小说中的固定桥段，而在真实世界中，这样的例子却更多。

1670 年，居住在澳大利亚墨尔本的威廉·菲波斯无意中在旧物商店看到一张洛豪德岛的地图，图上标有西班牙商船"黄金号"的沉没地点。菲波斯惊喜若狂，似乎看到有发财机会来了。"黄金号"商船的故事在澳大利亚非常有名，是说 16 世纪 50 年代的西班牙人沿哥伦布航线远赴美洲，从印第安人手中抢了很多金银，用几艘船运回国。但半路遇到海盗，船队的船员全被海盗们杀死，沉重的财宝让海盗们没办法带走，于是他们只得将一大部分金银埋在附近的洛豪德岛，并画了藏宝图。这些海盗发了毒誓会保守秘密，可盗贼没有信用，有人反手搞阴谋想独吞宝藏，火拼之后大多数知情者都死了，而那张藏宝图也下落不明。

菲波斯带着藏宝图来到洛豪德岛四处寻找，却一无所获。正当他放弃了准备回去时，右脚陷在一个小沙坑里，似乎碰到了坚硬的异物，挖出一看是个漂亮的大珊瑚。菲波斯将大珊瑚费力地搬上船，但不小心把珊瑚摔坏了，谁知道裂开的珊瑚中央居然是空的，里面藏着一只精致的木箱。菲波斯连忙撬开木箱，里面盛满了金币、银币和各种宝物。菲波斯高兴得跳起来，他似乎又看到了希望，再次回到岛上寻找，几乎挖遍了岛上每一片沙滩，但没找到任何东西。但木箱中的财宝也让菲波斯过上了富豪生活，算是有所安慰吧！

消息传开，真真假假的藏宝图应运而生，它们充斥欧洲，被高价出卖。那些发财狂不惜花重金购买，结果或葬身海底，或暴死荒岛，或毫无收获。即使如此，那些"看上去很美"的藏宝图仍然对人们有极大的诱惑力，吸引一批批寻宝者去冒险。

"丹漠洞"的丧命财富

这个其貌不扬的爱尔兰溶洞发生过什么惨案，为什么会有上千人被海盗杀死在洞中？而丹漠洞的名扬天下，到底是有人在洞中找到了什么东西？那些藏在洞壁内的金银、首饰甚至纽扣又是什么人藏在这里的？当时到底发生了什么？

基尔肯尼市在爱尔兰东南部，这是爱尔兰最小的几个城市之一，也是著名的古城。早在一千四百年前这里就有人定居了，还修建了修道院和教堂。这个小城的风景非常好，古迹也多，所以成了爱尔兰最受欢迎的二十大旅游城市之一。每年都有十几万名游客来基尔肯尼观光，但游客们必须要看的地方反而不是那些漂亮的城堡和教堂，而是一个叫"丹漠洞"的地下洞窟。

丹漠洞在基尔肯尼市北方十公里处，和爱尔兰其他地方的洞穴一样，也是个典型的石灰岩溶洞，大约形成于三百万年前，是全爱尔兰最著名的溶洞，丹漠洞内部空间大，地形非常复杂，还有很多小型的洞穴纵横交错着。洞穴入口处长约十二米，宽有六米，就像个巨大的"天坑"。尽管丹漠洞入口不大，但洞穴内部却非常深——最深的地方距离地表有四十五米，里面还包含一条五百多米长的通道，将小洞串联起来。

爱尔兰的民间传说中，丹漠洞是由"巨大野兽的嘴"变化成的，是恐惧的地狱入口处。所以古代很少有人敢靠近这个洞穴，更没人进去探险。到了18世纪才开始有游客和地质学家进入洞穴探险和研究。

当地人称丹漠洞口是"仙女楼"，传说如果有人朝里面扔石头，仙女就会在里面把石头扫干净。但如果你扔得太多，仙女就会用法力把人吸进洞去，做她的奴仆，永远也不可能再放出来。1940年，有考古学家小组进入丹漠洞进行考察，他们原以为这个洞穴不可能有人的痕迹，却在一个小洞穴里就发现有四十几具人的骸骨，大多是妇女和老人，甚至还有没出生的胎儿！

这个发现震惊爱尔兰，更多的人类骸骨陆续在洞中被发现，竟有一千三百多具，引起考古学家和当地政府的重视。经调查发现，在一千年前，挪威海盗来到爱尔兰的基尔肯尼抢劫，当地居民只好集体躲到丹漠洞内，海盗们追到这里大开杀戒，丹漠洞成为全爱尔兰最黑暗的地方。

事情还没完，在1999年，一位导游在冰冷的洞穴中发现了意外财富。

基尔肯尼市的冬天特别寒冷，也是旅游最淡的时候，丹漠洞在冬天都会关闭三个月，趁机进行维护和清洁打扫。1999年12月6日，有一名维护的导游细致地在丹漠洞内扫卫生，他主要负责那些远离主要通道、平时又没人管理的小型洞穴，把游客们留下的垃圾清理出去。当他走到一个非常偏远的小洞里时，忽然看到有一块绿纸片粘在洞壁上。

他走过去随手想把绿纸片扯下来，却怎么也扯不动，细看时却发现，那根本就不是什么绿纸片，而是一个发着绿光的东西嵌在洞壁中。导游好奇地用手指往外用力抠，竟然抠出了一只镶着绿宝石的银镯子！

这名导游很诚实，他没有把银镯子据为己有，也没有悄悄在附近寻找更多的值钱东西，而是立刻报告给了政府。基尔肯尼市长亲自下令派出工作小组，在三个月内，丹漠洞国家博物馆的六名考古专家就从那个小洞壁缝中挖出几千枚古钱币，另外还有银条、金条和各种首饰，甚至还有几百颗银纽扣。

这些东西在潮湿的洞穴里藏了一千多年，刚挖掘出来的时候，完全没有贵金属应有的那种光彩。但在博物馆几十名专家工作几个月之后，所有的东西和钱币又都重现光芒了。现在这些宝藏都被收藏于爱尔兰国家博物馆内，还没有对外展出过。但是接触过这些宝藏的考古学家透露说："我们挖掘出来的那些银制纽扣和金银工艺品样式都很古怪，和我们以前在当地发现的文物风格差异非常大，所以有很高的考古价值。"

这些金银饰品和几百枚银纽扣是从哪里来的？为什么会被藏在洞穴的石壁中？爱尔兰考古学家对丹漠洞里的大量尸骨进行鉴定，最后证实了在当地流传很久的一个传言。

公元 800 年至 1044 年之间，从北欧来的维京海盗经常对英国和爱尔兰海岸的城镇、修道院和教堂进行洗劫。他们行为极残暴，让人望而生畏，居民们为了活命，常常被迫交出他们所有的钱和粮食。爱尔兰离维京海盗的"老巢"——斯堪的纳维亚半岛最近，所以长期以来也受海盗袭击最多。

丹漠洞空间巨大，而且地形复杂，基尔肯尼居民们一直把这里当成最好的避难所。在公元 928 年，海盗又来了，他们对基尔肯尼开始洗劫，和以前一样，为了能在海盗洗劫中活下去，居民们在海盗来前就逃到丹漠洞避难，他们以为海盗抢完东西后就会走。但这次很不幸，丹漠洞的秘密被海盗们发现了，他们在基尔肯尼市收获很少，愤怒的海盗把怒火都撒在这些居民身上。

海盗在丹漠洞里开始血腥屠杀，他们手持砍刀、铁锤和钢叉闯进洞穴，把所有发现的居民全部杀死。据考古学家估计，最少也有一千一百人，海盗们并没有找遍所有的大小洞穴搜索藏在深处的居民，而是在洞口守了足有半个多月。正值盛夏，洞内的尸体开始腐烂，那些在刀下本来逃过一劫的居民也因为感染疾病而死或活活饿死。

那些被导游发现的财宝肯定是属于藏在洞中的基尔肯尼居民的了，他们在躲避海盗前往洞中避难时就把家里所有值钱的物品随身携带，甚至连衣服上的银纽扣都解下来，共同藏在一个最隐蔽小洞缝隙里。考古学家推测说，海盗们屠杀洞穴里的所有居民，也许和没发现财宝有关。

为了纪念在丹漠洞中发生的这次惨剧，爱尔兰政府于1973年把这里改为国家博物馆。但由于长期荒芜，洞穴竟然成了蝙蝠的家，政府在清理蝙蝠之后，又在洞里安了楼梯和电灯等装置，以方便游客参观。现在每年都会有几万名游客参观丹漠洞，在导游的讲解下，纪念那些惨遭海盗屠杀的人。

世纪之最：图坦卡蒙陵墓

他的陵墓被称为"人类20世纪最伟大的考古发现"，棺椁竟然三千三百年没被盗过。可他的陵墓为什么修建在拉美西斯法老陵墓的下面，为什么有上万件价值连城的陪葬器，却到处都有匆匆下葬的迹象？他的木乃伊为什么头骨中有血块，到底是谁谋杀了他？

在埃及有一百一十多座金字塔，都是用来安葬古埃及皇帝——法老遗体用的。但金字塔修建费时费力，古埃及连法老带贵族和大祭司加在一起总共有几百人，金字塔明显不够用。于是这些人在埃及首都开罗南部七百公里、尼罗河以西岸七公里处的一大片位于沙漠中的山谷内开辟新战场，这就是被后人称为"帝王谷"的地方。

这片沙漠是古代埃及都城底比斯的所在地，帝王谷是一片石灰岩峡谷，主要安葬的是古埃及新王国时期的六十多位法老的木乃伊。几百年来，这些来不及享用金字塔的法老和王公贵族纷纷在尼罗河西岸的峭壁上开凿庞大复杂的墓室，用来安放他们的遗体。这里还建了很多巨大的柱廊和神庙，墙壁上刻满精美无比的象形文字。

从19世纪末开始，帝王谷就涌进大量探险者，这里有真正的考古学家，但更多的是寻宝者和投机商，甚至盗墓贼。当时的埃及政府混乱而无能，根本没工夫对这个地区进行管理，于是帝王谷就成了寻宝者的天堂。他们在这里可以随便挖掘，挖到的东西也能随便拿走，帝王谷遭到空前浩劫。凡是能找到的陵墓都被挖开，大量珍宝洗劫一空，有时甚至发生几路盗贼火拼抢宝的情况。当然，因为在帝王谷得手而成为富翁的人也越来越多。

1890年，英国考古学家霍华德·卡特兴致勃勃地来到帝王谷。他对埃及法老和陵墓有很深的研究，帝王谷已经有几十座大型陵墓都被挖开了，卡特将这些陵墓主人的名字和埃及古文献对照后，发现那位英年早逝的著名法老图坦卡蒙的陵墓还没发现。于是他断定，图坦卡蒙的陵墓肯定还没有被盗。

卡特在一位英国富翁的资助下于1907年来到埃及，制订了周密的发掘计划，可正巧赶上第一次世界大战爆发，直到1917年计划才重新启动。巨大的工程耗资极高，从1917年到1921年的几次挖掘都没有任何所获，十年过去了，资助卡特的那位老板开始失去信心，卡特也心灰意冷，他决定再挖掘一次，再没结果就收手回英国。

事情有了转机，从英国传来消息，称卡特在1907年发掘出的某些器物是当时制作图坦卡蒙木乃伊大典时用过的东西！这可是好消息，卡特和投资人都觉得图坦卡蒙陵墓已经很近了，投资人像打了兴奋剂似的，决定继续加大对卡特的投资。

前十年的工程都没有收获，这回卡特剑走偏锋，他命令几百名当地民工改向另一座山谷挖掘，那本来是拉美西斯六世的陵墓位置。别人都以为他疯了，难道两位大法老的陵墓还能修在一块？可卡特有他的猜测，图坦卡蒙在位不到几年就突然死亡，他的死因是个谜，而他的陵墓也一直没找到，这之间也许有什么不可告人的秘密。

卡特赌赢了。

1922年11月5日，卡特手下的几十名队员在拉美西斯六世陵墓附近挖掘着。忽然有人大叫："阶梯，有阶梯！"同伴们听到呼声连忙围过来，只见在脚下确实出现了一条通向崖壁深处的石阶梯。有人把卡特找来，他亲自走在最前面，小心翼翼地边走边探察。这时他在一片砂岩的斜坡上发现几处古代印章，印章的图案是一只豺狼和九个被捆住的俘虏。

卡特狂喜不已："是底比斯墓地的印章！"

底比斯是埃及中王国和新王国时代的都城，当时埃及皇宫的习惯是在法老陵墓即将封口的时候，都要在入口处打上印，表明这里是秘密陵墓的大门。队员们把斜坡清扫干净后，又发现了图坦卡蒙法老的私人印章。在卡特指挥下经过三天奋战，人们终于找到墓道入口的封石，和一条填满碎石的甬道。甬道尽头有第二道墓门，上面又刻着图坦卡蒙的印章。

沿着挖出的几级阶梯朝下走，面前是一扇密封的大石门。打开石门后又向里挖了七米左右，还有另一道石门。石门后是两个黑色的、与真人同高的塑像，还有纯金制成的椅子，白石做的透明脸盆，闪光的金床和很多装饰有珍珠和宝石的衣服。从门里喷出一股发着怪响的热气，把蜡烛都吹灭了，大家连忙躲开。

石门太坚硬，卡特令人在石门上凿出大腿粗的洞，然后手持蜡烛伸进洞里，再努力朝洞内看去。卡特的眼前隐约出现了另一个世界：包金战车、黄金宝座、法老塑像、镀金狮子和怪兽的卧榻、数不清的箱笼和匣子……卡特呼吸急促，眼前一阵阵发黑。石门被打开，里面的物品已经存放三千多年，不少都腐蚀坏掉了。经过紧张的整理，在一些镶嵌着黄金条和象牙板的大木箱里装有大量金银器和首饰，有金指环、项圈、宝石手镯和象征权力的金权杖等物。大量华贵的衣物和鞋放在卧榻下，旁边还有盛满食物的箱子，里面装着早已变质的煎鹅、鸭子、火腿和面包。

这间屋子里就堆了七千多件文物，这令卡特和所有人惊喜不已。但大家并没看到图坦卡蒙的棺椁，卡特发现石室右侧有一堵奇怪的墙，墙上刻满了象形文字，旁边没有任何东西堆放，好像故意把墙空出来似的。卡特先给墙拍了照，然后命人拆除。

墙内是个巨大的石室，中央摆着一个巨大的、镶嵌蓝色洋瓷的包金木套，长五米，宽三米多，高近三米，顶盖几乎要顶到天花板了。木套边缘有一扇小门，打开木里面又是个同样的木套，由大到小的木套竟有四层。最后一个木套门打开后，里面是一口水晶棺，长三米，宽和高均为一米半，水晶棺盖上饰有女神浮雕像。在水晶棺盖上镶嵌着世界最大的黄金板，高两米七五，长五米二，宽也有三米，侧面用上等深蓝陶器和黄金镶嵌，珍贵无比。

移去重达一吨多的棺盖后，里面是一具人形金棺，棺材用整块黄金捶打而成，棺盖雕刻着图坦卡蒙法老的头像。法老按"正面律"塑造，右手拿着君主权杖，左手是冥王奥西里斯的神鞭，两手交叉于胸前。

卡特心情异常激动，立刻命助手打开金棺的盖子，里面是一个用布裹严的长形物，裹布慢慢揭开，所有的人都屏住呼吸，随后又目瞪口呆。又是一具用整块黄金制成的金棺，长两米，造型和外层金棺完全相同。卡特连忙命人打开金棺，只见一团黑乎乎的东西躺在里面，是变暗的亚麻布。揭开六层裹尸布后，又是一具棺材，棺盖雕刻着灿烂的黄金人像。再连续打开两层棺材，图坦卡蒙的木乃伊安详地躺在里边。它被用薄布裹缠，浑身装饰着宝石、护身符、项圈、戒指和金银手镯。棺内还有金铁两把短剑，铁制的那把非常罕见，因为那时埃及人刚刚学会炼铁，木乃伊头部戴着巨大的金面罩。

发掘过程整整持续了三个月，高尚的卡特博士没有私藏半件文物，而是全部报告给开罗政府。埃及人又用了十年时间，才把所有一万五千多件文物运送到开罗，这些从秘密陵墓里发掘出的文物都完整地保存在埃及开罗博物馆，全世界的考古学家都来到埃及进行研究，这是公认的20世纪最伟大的考古发现。

人们都在庆幸发现图坦卡蒙陵墓的是高尚的卡特博士，而不是贪婪的盗墓贼，霍华德·卡特的名字将被永远铭记！

第八章　奇特地球

　　大自然为什么会出现一些诡异的反常现象，人体的生物钟到底有多么神奇？世界上真有永远不会死亡的生物吗，而传说中会吃人的花到底在哪里，又长什么样？南美亚马逊中有无数人们还不了解的神奇生物，为什么大猩猩能预报地震而人类却不行？地球上出现过多次高度文明吗，人类到底毁灭过几次？

极度反常的大自然

地球是极有规律的，一切好像都被上帝掌控，但偏偏有些地区和时候，大自然却诡异地极度反常，这到底是怎么回事，这些反常现象是人为造成，还是地球和人类开的玩笑，甚至是某种科学无法解释的神秘现象？

我们生存的地球就像一个巨大的机器和程序，虽然复杂庞大，但其实都遵循着大自然的原理，从未有过改变。可就是有这么一些地方，居然违反了物理学规律，表现出诡异奇怪无法解释的现象来。

美国加利福尼亚州有一个奇怪的"怪秘地带"，从旧金山向南一百六十公里处有个叫圣塔克斯的小镇，怪秘地带就在这个小镇上。2007年，日本地质学家大岛藤平和物理学家高宫正彦受日本政府委托，专程来到圣塔克斯镇调查这里的超自然反常现象。

这是一片茂密的森林，空地有个木制栅栏门，入口处立着"怪秘地带"的巨大牌子。两名日本专家走进森林，这里看上去和其他地方并没有什么不同，在入口处不远的地方摆着两块石板，每块长约半米，宽约二十公分，两块石板之间的距离也是半米左右。大岛和高宫按照旁边的说明板分别踏上两块石板，这时周围的游客发出惊叫声，还有不少人掏出相机给他们拍照。

这是什么意思？大岛和高宫疑惑不解，他们离开石板，又有两名泰国人迫不及待地走了上去，这两人身高差不多，都在一米七左右。他们各站在一块石板上，这时，大岛和高宫都不敢相信自己的眼睛：那两名泰国人原本同样的身高，现在看上去起了很大变化，其中一个居然比另一个高大魁梧很多！在游客的要求下，两名泰国游客再次交换位置，原先看上去很高大的那位又变得矮小了，而原先看起来矮小的正相反，看上去又高又壮。两个泰国游客玩得兴起，他们来回交换着位置，身高也跟着来回变化，忽高忽矮，周围的游客无不称奇。

大岛和高宫用卷尺测量了两名泰国游客的身高，几乎完全一样，他们俩又认真地用水平仪测量石板，两块石板处在同一水平面。这到底是怎么回事？两人疑惑不解。

离开石板后，两人沿着坡度极大的坡道向上爬，周围的树木全都朝着同一个方向倾斜，好像刚被巨大的碾子给碾了一遍似的。走着走着，大岛突然发现看不到自己的脚尖了，原来他的身体竟然在不知不觉中极度倾斜，脸甚至都快要贴着地面了！可他又完全没感觉到走路费力或者要摔倒的感觉，再看看高宫和别的游人，同样也是步伐稳健。

在"怪秘地带"的中心区域，有一座简陋的小木屋，木屋明显是倾斜着建的，和树木倾斜的方向一致。在屋外，大岛和高宫的身体还是不能站直，憋足了劲也没用，全都朝同一个方向斜去。但大岛和高宫歪着身体的感觉似乎比平常还舒服。

走进小木屋，大岛和高宫立刻感到有一股强大的力量拉扯着两人，大岛连忙抓住附近的一个门把手，但不到五分钟后，他就感到头昏眼花，像晕船似的难受。高宫用力跳起来，抓住了天花板上的横梁，在大岛看来，高宫那悬空的身体也是斜着的，就像他的脚上拴了绳子，有人在旁边用力拉他。大岛摘下项链，项链也不是自然向下的，而是呈现出自然倾斜的状态。

"怪秘地带"的导游也没闲着，他开始为游客们表演，只见导游从木屋的地板走到墙壁，抬脚踩在墙壁上，竟然顺着墙壁走上天花板，就像《范海辛》电影中的吸血鬼伯爵那样。导游斜着站在墙壁高处，微笑着向底下的游客招手，游客们也都学他的样子走上墙壁。大岛和高宫发现，走上墙壁竟然是这么容易的事。

木屋的墙壁上有一根探出半米多长的木板，木板的末端倾斜向上，尽头处还放着一只高尔夫球。奇怪的是，这只高尔夫球并没有从高处向下滚落，而是静静地停着。大岛伸手把高尔夫往下推，而小球被迫往下滚了几圈，竟又自动滚上来，好像逆流而上的鱼。大岛又试了几次，不小心将高尔夫球碰落，他连忙伸手去接，可小球并没有垂直向下落，而是斜着掉在地板上，让大岛哭笑不得。

小木屋里还有一根悬在天花板横梁上的粗铁链，末端系着一个直径足有半米的大铁盘，当然，铁链和圆盘也不是自然向下而是倾斜的。铁盘很沉重，高宫试着用手指轻轻推铁盘时，大铁盘立刻向前摇晃，而大岛站在相反的方向用力推，铁盘却纹丝不动，大岛最后用上双手去推，大铁盘也只是不耐烦地移动了不到一公分。

最诡异的是，当高宫把铁盘推动之后，按常理它应该一左一右地规律摆动，幅度越来越小最后停止。而这个大铁盘却很独特，它在受到冲击后先是按常规左右摇摆，可随后就不同了，大铁盘开始画起圈来，一会儿朝左旋转，一会儿朝右旋转，循环不已。

大岛藤平和高宫正彦离开了圣塔克斯镇的这个"怪秘地带"森林，他们回到日本写了一份详细的报告。

报告中写道："在美国加利福尼亚州旧金山市南部圣塔克斯镇'怪秘地带'公园所发生的种种奇异现象，都是明显违反牛顿重力定律的。在调查中没有发现人为制造和作弊现象，但地球重力场在这个地方却表现出极端异常，按照我现有的物理学和力学知识，无法对这种现象做出合理的解释。"

在中国的沈阳也有这种反重力学现象的地方，被称为"怪坡"，在这里，球和汽车等物会从下坡自动往上走，而上坡往下走却很困难，至今无人能解释此类现象的存在。

食人花

植物一向都是几乎不动、任人宰割的，世界上却有能吃人的植物，这些植物真的存在吗？在南美或非洲到底有没有食人花，这些花又是怎么吃人或动物的，为什么至今没有人能拍下照片或取回实物，它们究竟存在吗？

在 1894 年，德国探险家卡尔·李奇来到非洲的马达加斯加岛探险，因为向导贪财跑掉，李奇不得不在丛林中乱跑，结果他迷路了，后来闯入一个土著人部落。该部落对外来的闯入者十分憎恨，便把李奇捆在一片树林中的某棵大树上。李奇看到身边有一种长相很奇特的怪树，这树又粗又壮，树顶和普通的树不一样，它只有八片巨大的叶子，叶片上布满硬刺，八片叶子展开垂下，一动也不动。

正在李奇出神地盯着那棵树看时，土著人押着一名部落妇女来到怪树附近。这名妇女很瘦弱，浑身赤裸，身上布满鞭痕，看来没少挨打。这时有个首领模样的土著人走过来，手里拿着一个被咬过的果子，他对这名妇女怒目而骂，李奇明白了，该妇女肯定是吃了不该吃的果子，遭到族长的惩罚。

李奇心想吃了果子也不该被打成这样，族长把手一挥，那妇女狂喊狂叫，发出几乎不像人的声音。几名壮汉用鞭子驱赶妇女爬上那棵怪树，妇女无奈只好慢慢往上爬，边爬边哭。当她爬到树顶前，树顶的那八片巨大叶子忽然像醒过来了似的一齐收拢，转眼间就把妇女紧紧包裹起来。这情景让李奇大为吃惊，他万没想到树木居然还会动！

那几名壮汉和族长等人全都朝着怪树跪下，口中念念有词，过了半个多小时，怪树顶的八片大叶子慢慢打开，眼前的情景让李奇不寒而栗——从树顶陆续掉下很多还带着血肉和黏液的骨头，最后是一颗人的头骨。

第二天族长带着壮汉又来到树林中，他们解开李奇身上的绳索，又用鞭子驱赶李奇让他爬树。李奇吓得魂都没了，但鞭子不停地打在身上脸上，如果他不爬树，也会被活活抽死。当他爬到树顶时，看到那八片散发着尸臭味的巨大叶子，李奇一阵阵作呕，忽然他想起腰间暗扣中的两枚小型引爆弹，于是迅速把引爆弹取出来咬在嘴里，再用火柴在树皮上划燃，点着了引爆弹的引信。

引信哧哧响着，就快要烧到尽头，李奇看准机会把引爆弹扔进八片大叶子中央，那些大叶子迅速合拢。突然"砰"的一声闷响，八片大叶子被炸得支离破碎，叶子残骸和大量黏液从树上掉落。

树底下的族长和土著壮汉显然吓坏了，他们全都伏在地上，浑身哆嗦，好像世界末日就要来临。李奇趁机溜下树来，没命地朝树林深处跑去，终于跑出了这片树林，最后遇到一支从美国来的探险队，这才获得自由。卡尔·李奇回到德国后，把他的遭遇写成文章发表在报纸上，但大多数专家都笑话他，因为没人真正见过食人树或食人花。为了证明自己的经历，李奇再次组织探险队来到马达加斯加岛，但找了半个多月也没找到那个土著部落，也没有碰到怪树，但那确实是人类首次和食人植物正面遭遇的记录。

1971 年，由五名南美科学家组成的探险队深入巴拿马热带雨林，在传闻有吃人树的地区进行仔细调查。在森林中，探险队遇到了一种当地人称为"蛇树"的灌木，它长得很矮，形状就像一棵大菠萝，树干是圆筒形的，枝条很像蛇。这种树很敏感，有鸟落在枝条上，很快就被蛇形枝条抓住不见了。一名队员无意中碰到了树枝，蛇形枝条很快缠过来，旁边的人连忙去拉他，费了很大力气才挣脱，但队员的手背已被拉掉一大块肉。

在调查途中，他们又发现一种土著人叫"亚尼品达"的奇特灌木，由很多柔软枝条组成，枝端全是尖利的钩刺。平时这些枝条舒展着，而且一动也不动。为了试验，探险队把一只刚抓到的野兔扔向枝条，突然这棵树就像得到警报，所有枝条都迅速行动起来，把野兔紧紧抓住，就像海里的章鱼用触手卷住猎物似的。随后枝条分泌出大量胶状液体，约三个小时以后，枝条重新展开，里面的野兔只剩下少量血肉包裹着的骨头。

这么恐怖的灌木，当地土著人不但没有把它们毁掉，反而大力保护。因为这种树分泌的胶液是珍贵的药材，土著人用一筐鲜鱼喂给树吃，当树吃饱鱼后就像懒汉一样不动，就算有人去碰枝条也没事，这时土著人就顺利采到了胶液。

荷兰探险家史蒂芬在 1989 年来到南美洲亚马逊河流域，他无意中在一大片沼泽地里看到一种令人畏惧的食人植物，他命名为"日轮花"。这种花长得十分好看，外形很像巨大的齿轮，因而得名，而当地人却把这种花称为"吃人魔花"。

日轮花的叶片有一米多长，漂亮的花散长在叶子表面。日轮花能散发出诱人的兰花香，在很远的地方都能闻到。与史蒂芬同行的向导在沼泽中行走时，不小心脚底打滑，身体刚好摔在一株日轮花上。还没等史蒂芬跑过去拽他，日轮花细长的叶子迅速从四周包围，把向导紧紧拉住，最恐怖的一幕出现了。

这时从日轮花的各个角落纷纷爬出无数比拳头还大的黑色蜘蛛！这些蜘蛛毛茸茸的，浑身漆黑，史蒂芬立刻认出那就是世界上最毒的蜘蛛"黑寡妇"，几百只黑寡妇爬到向导身上边咬边刺，向导高声惨叫，史蒂芬无法施救，只好远远躲开。黑寡妇蜘蛛的上颚有毒腺，能分泌神经性毒蛋白液体，毒液进入人体就会导致死亡。只过了不到半分钟，向导就浑身抽搐而死，黑寡妇们把向导的尸体细细吸吮，不多时就把他吃得只剩干尸，而蜘蛛们拉出的粪便则是日轮花的最好肥料。

日轮花和毒蜘蛛在生物界居然组成了巧妙的整体，日轮花尽力捕猎食物，而黑蜘蛛吃掉食物后的粪便又养活了日轮花，两者狼狈为奸。当地的南美土著人都知道有日轮花的地方必有黑寡妇蜘蛛，他们对日轮花极为恐惧，每当远远看到就得避开。

世界上能吃动物的植物约有五百多种，很多都是只能吃细小昆虫，比如人们在夏天会在家里放几盆猪笼草，帮助人们灭蚊。可那种能吃大动物甚至吃人的食人树和食人花，就让人望而生畏了，在亚马逊有很多人们不了解的植物，还需要科学家们去发掘。

第八章 奇特地球

动物与地震

人们对地震的预报基本是毫无能力，就算地震局也一样，可为什么被人类视为低等动物的老鼠、鱼甚至蚂蚁等动物却能在地震之前很久就有异常反应？动物的这些反常现象到底是感觉到了什么，为什么人类这种高智能生物却不能？

地震一向都是突发的，在地震前几秒钟，人们才能觉察到异常，比如夜晚天空冒红光、发出怪声等等，但那时已经晚了。多少年来，各国地震局都在致力于对地震的超前预报，但基本没有效果，所以很多国家已经取消地震局，而只在小范围内保留对地震预报的科学研究。但令人奇怪的是，很多动物却能抢在人类前头预报地震。

日本因为是岛国，所以地震多发，在能测预报地震的动物中，日本国民特别喜欢鲶鱼。1855 年日本江户大地震时，民间就有"鲶鱼闹，地震到"的说法。在 1855 年 11 月 11 日的傍晚，江户的一位钓鱼爱好者松下和邻居去河边钓鱼，两人在河边刚要坐下，却发现河里有一大群鲶鱼在水面扑腾。那位邻居一看也不用钓了，直接抓吧！跳下河开始抓鱼。可松下却对这个奇怪现象产生了怀疑，他想起老人说过的话："鲶鱼作怪就是要闹地震。"

松下连忙叫那位邻居："我们快回家吧，要闹地震了！"但邻居抓鱼正欢，根本听不进去，松下只好自己跑回家。他一面把老婆孩子都叫到院子里，一面往外搬东西，老婆还以为丈夫中了邪。东西搬完后三人坐下来休息，这时大地开始震动，房子转眼间就倒了，屋外的东西安然无恙。那位捉鱼的邻居直到地震到来才醒悟，连忙跑回家见房子和仓库都成了废墟。这应该是全世界动物预报地震最早的记录了。

1923年日本东京大地震时，震前的老鼠好像事先得到通知，全都跑得无影无踪。当时有一位算命者住在东京闹市区的客栈里，他听到了老鼠销声匿迹的消息，马上联想到1855年江户大地震之前也有过类似情况，便向顾客预言要发生地震。大家相信了他的话，都做了防备。后来地震真的发生了。

老鼠为什么能在地震前出现异常？据专家研究，老鼠体内的肠系膜和骨间膜等处都生有环层小体，它对机械振动敏感，有可能探测到震前岩石微破裂时的声音。老鼠听觉灵敏，对超声波的刺激更是敏感。老鼠嗅觉灵敏，能嗅到强烈地震前从地下溢出的气体味道，再有就是老鼠那敏锐的第六感了。

东京千叶等十几个地区的居民自动成立了民间组织"鲶鱼会"，共有会员近四百多名。他们把平时观测到的鲶鱼异常报告给会长，当成地震预报的依据。鲶鱼预报地震得到了日本政府的重视，1977年东京市政府拨款一千万日元给鲶鱼会，鼓励他们进行研究。1978年1月14日，伊豆群岛附近发生6.5级地震，东京都水产实验场的工作人员发现他们喂养的鲶鱼从1月12日开始活动异常，平均每隔十分钟就要活动一次。鱼群烦躁不安，这种现象一直维持到地震发生。对此，东京大学名誉教授末广恭雄认为："鱼类的侧线神经对水流和水压特别敏感，地震之前的板块震动，可能会传到水中，从而被鱼类感知到。"

1952年11月1日开始，俄罗斯堪察加有人发现很多蛇钻出巢穴，这是很奇怪的现象，因为俄罗斯的 11 月正是冬季，蛇都在冬眠。蛇洞外温度低于零摄氏度，冒险离开蛇洞对蛇来说无疑是自杀。四天后的 11 月 4 日，堪察加发生了 9 级大地震。

1985 年 9 月 19 日，墨西哥首都墨西哥城的一户人家养的狗不停地叫着，在屋里跑出跑进，十分烦躁。开始主人以为它饿了，就喂了些吃的给它，可狗完全不理，反而对着他狂吠。主人把它喝退，没过一会儿又回来了，进门就对着大家狂叫。开始还是没有恶意地叫，随着人们对它的呵斥，狗的叫声也变得更凶，到后来竟像对生人那样龇牙咧嘴，主人的孩子也被吓哭。邻居听到喧闹声都来看，有人说："有可能是狂犬病，现在是初期，到了后期就会咬人，咬到谁都会变疯。"就在人们说话时，那条狗却悄悄溜进屋里把主人仅有两岁的小儿子叼起来向外狂跑，孩子吓得大哭，主人连忙扑上去救。狗扔下孩子撕裂主人的裤脚，所有人都相信这狗要疯了，于是大家都操起东西去打，最后狗被主人用铁锤打死。

下午一点半钟，墨西哥城天崩地裂，发生了 8 级强烈地震。主人家房屋倒塌，妻子和两个孩子不幸遇难，主人被挖出来保住了命，却终身残疾。

1997 年 2 月，他在接受墨西哥电视台的采访时流着泪说："十二年过去了，我每当想起那件事，都觉得像是一场噩梦。而对那条狗，我备感愧疚，如果它会说话多好！"

堪察加的蛇绝不是第一次动物对地震的异常反应了，全世界有相关记载的不下上百次。在地震发生前，很多爬行动物、两栖动物和鱼类都出现过异常。1988 年 12 月 7 日早晨 7 点钟，亚美尼亚的列宁纳坎市居民加里皮扬发现，他家的猫和狗显得非常烦躁不安。猫从屋里窜到外面，对草地上的老鼠毫不在意，却拼命往树上爬。狗也跑出去向着远方狂叫，怎么唤也不听。看到这种情景，在震区生活过二十多年的加里皮扬知道肯定不对劲，他连忙打电话给警察局，可警察对他的报告没兴趣；他又打电话给电台，电台工作人员竟然嘲笑他有病。到了 10 点钟，加里皮扬挨家挨户敲门劝大家到街上去或者离开列宁纳坎市。幸运的是邻居们大多都听了他的话，他们走出家门或者离开城市。上午 11 点，列宁纳坎市发生了 6.8 级地震，但加里皮扬家附近的上百户居民无一伤亡。

1990 年 7 月 16 日，菲律宾发生了 7.7 级强烈地震。在震前大约五分钟，菲律宾内湖市有一群小牛突然跑向空地，整齐地呈直线站立不动，当最后一头站好后，这群小牛似乎接到"卧倒"命令似的，稀里哗啦全部卧在草地上，随后不到半分钟就发生了地震。

2003 年 12 月 20 日，伊朗巴姆市居民阿卜杜拉家里养的一只猫开始烦躁不安，到处乱抓乱叫，让全家人不得安宁。实在没办法，阿卜杜拉把猫装在麻布袋子里，扔到很远的郊外。谁知在 25 日深夜，那只猫又跑回来了，而且狠狠地抓挠熟睡中的阿卜杜拉。干了一整天活的阿卜杜拉又累又怒，他抓起猫将它的后腿折断，再狠狠扔到院中。猫在院子里边惨叫边哭泣，闹得妻儿老小都没法睡觉了，大家来到院子里吵起架来。这时正是 26 日凌晨两点钟，天空中一声巨响，6.6 级大地震惊天而来，房屋瞬间变成废墟，但阿卜杜拉全家人都在院子里而幸免。大难过后的阿卜杜拉感动地说："要是没有这只猫，恐怕我们全家人就都得死在地震中了。"从此后那只猫被当成主人的儿子一样养，七年后无疾而终。

2009 年 4 月 1 日，意大利拉奎拉地震发生的前五天。当地有大量蟾蜍离开池塘，冒险穿过公路朝北方跑去，很多蟾蜍被汽车压死，但它们完全无视，仍然努力跑跳，路线也凌乱无章，似乎在逃避着什么。五天后，拉奎拉发生了 6.3 级地震，死伤无数。

像这样的例子，全世界有几千件记录，在科学发达的今天，作为智能生物的人类完全对地震无感，而被我们称为低等动物的它们，却能强烈准确地预知地震。有人说这是因为人类在进化过程中，很多无用的感官细胞都退化掉了，如果这种说法是真的，那么人类是应该感到骄傲，还是悲哀？

第八章　奇特地球

人类毁灭过几次？

有记载的人类历史最多只有四百多万年，而有语言的历史才不到一万年。可奇怪的是，在地球上经常会出现远古时期智能生物的痕迹，难道那个时候就已经有了人类？难道现在的人不是地球中唯一的智能生物？人类到底毁灭过几次？

现代科学的考古调查认为，地球上人类最早的历史是在四百四十万年前东非发现的"南方古猿"化石，但那时还只是类人猿或称为人科动物，它们不会直立，也只能使用最简单的工具，更别提语言了。真正接近现在人类是石器时代，那时的古人和现在的已经很接近。几百万年看似很长，但在地球四十多亿年的历史中，只是一瞬间而已，可很多事件却表明，现在我们这批人类，似乎并不是唯一的智能生物。

1932 年夏天，几名法国科学家来到非洲的马里共和国西部考察，这里极为原始，大部分都是与世隔绝的沙漠地带。他们发现了一个叫"达贡"的土著部落，这个部落很落后，还处在石器时代，但就是这个落后的部落，却让科学家们吃惊不已。土著人告诉这些来访的法国人说："天狼星身边有两个卫星，一个叫波，另一个叫太。波星是所有星星中最小又最重的，人类刚在地球上出现不长时间，波星发生了大爆炸，然后渐渐变暗。

天狼星颜色的变化就和这次大爆炸有关。"

法国科学家们惊得闭不上嘴，要知道人类首次发现天狼星身边那颗"看不见"的伴星是在1844年，而极度落后的达贡人又是怎么知道的？达贡人还知道天狼星的旋转周期是五十年，还说天狼星身边那个叫太的卫星是由水组成的，比地球上的水多得多。而它的重量是波星的四分之一，旋转周期也是五十年！

法国人的下巴都快掉了，很明显，达贡人所说的波星就是天狼星B，它的质量相当于太阳的一半，但外表只有地球那么大；而太星就是天狼星A了，他由氢组成，质量是太阳的两倍。这些知识都是近百年间由无数科学家观察得到的结果，可与世隔绝的土著部落对天狼星了解竟比天文学家还早，他们的这些知识是从哪里学到的呢？法国科学家提出疑问，达贡人竟然回答，是他们的祖先刻在石壁上的。

1948年墨西哥籍考古学家阿尔伯托·路利教授在帕伦克"碑铭神庙"中发现一些浮雕，是刻在巨大石室墙上的。图案上有九名身穿古代服装的人，中央还有一名戴着神奇头饰的青年。浮雕中的图画是一名青年正在操作某个机器，机器前端呈流线型，看起来精密又复杂，前方还有仪表盘似的东西。这名青年头上戴着盔，盔上有两条管子。他弯腰屈膝盖，双手操纵着一些长杆，右手好像在调节什么开关，而左手操纵类似摩托车手柄的控制器。他双目前视，左脚放在有槽痕的踏板上，身后还有类似内燃机的设备，内燃机后方有火焰喷出。

路利教授没看懂图案的内容，但拍照记录下来。十三年后的1961年，苏联研制出"东方1号"宇宙飞船首次飞出地球，登上太空。而路利教授突然发现，十几年前他在墨西哥帕伦克神殿看到的那幅浮雕图案，竟然和现在人类的宇宙飞船极其相似！帕伦克神殿是一千四百年前古帕伦克国王的陵墓，那时候的古人怎么可能知道宇宙飞船？

古印度著名史诗《摩诃波罗多》写于公元前一千五百年，到现在已

第八章 奇特地球

233

经有三千四百多年历史了。书里记载的一些事件比成书时间还早两千年，也就是说，书里的事发生在五千多年前，此书记载了住在印度恒河上游的几大种族的战争史。有这样几段描述："英勇的阿特瓦坦坐在维马纳中，降落在水面上，发射了阿格尼亚。阿格尼亚喷着火，没有烟但威力无穷。转眼间潘达瓦人的天空变黑，狂风大作乌云滚滚。太阳在空中摇晃，阿格尼亚发出可怕的热，地面上所有动物都死去，河水在沸腾，鱼虾也全部被烫死。阿格尼亚爆发时的声音像打雷，敌兵被烧焦。"

"古尔卡乘着快速的维马纳，向敌人的城市发射出火箭。此箭有整个宇宙的力量，亮度比一万个太阳还高，烟火柱升上天空，十分壮观。尸体被烧得没法辨认，毛发和指甲脱落，飞鸟在天空中就被烧死。"

在原子弹还没发明出来的年代，学者们一直认为书中的这些场面描写只是"带有诗意的夸张"。而在美国向日本广岛、长崎扔下两颗原子弹以后，他们才恍然大悟，原来这些描写和原子弹爆炸的目击者、受难者所说的完全一样！

这种无法解释的事件太多了，世界各国的远古神话中，无一例外都有关于毁灭大洪水的记载，已知的传说就有六百多种。中国、日本、马来西亚、老挝、泰国、印度、澳大利亚、希腊、埃及、非洲、南美和北美土著等不同民族的传说中，都保留着大洪水的记载。这又是为什么？

现代科学已经证实，地球历史上确实发生过几次特大灭绝事件，每次都会灭绝所有生物。而地球周期性灾变的直接证明非常多，史前人类文明极有可能因为各种灾变而毁灭，比如地震、洪水、火山、彗星撞击、大陆板块升降等等。由此，有人大胆推断出，地球上已经产生过几次高度文明，只不过他们都毁灭了，现代人类文明只是其中的一次。

如果真是这样的话，那么地球上众多无法解释的现象就都说得通了。比如埃及金字塔、复活节岛石像、英格兰石柱群、帕伦克神殿宇宙飞船浮雕、大西洲沉没，甚至中国半坡遗址出土的画着宇航员头像的陶盆。

英国人类学家范佩西曾经在 2004 年发表了一篇模拟的"地球文明史",这并不是科幻或神话小说,而是依据科学研究而做出的文明编年史。

二十亿年前:第一次文明诞生,会使用核能,最后毁于核战争。这样就能解释南非奥克洛铀矿石在二十亿年前就有核反应堆的现象。

五亿年前:第二次文明诞生,会制造飞行器,能飞出地球来到太空,能登月,最后毁于外星人之手。这样就能解释月球是空心的,是地球的监视者现象,因为这批人类想干扰其他星球生物,所以被外星人出手干掉。

六千五百万年前:第三次文明诞生,会利用上一次文明的遗留物,但人数极少,最后毁于小行星撞击。这样就能解释恐龙和大批生物灭绝事件。

一千五百万年前:第四次文明诞生,不会使用核能,但能进行远距离太空观测,能制造飞行器,与五十年前的人类文明程度相当。最后毁于冰川时代。

七百万年前:第五次文明诞生,会大量使用核能,比现代人类文明略高,最后毁于全球性大洪水。

四百万年前:南方古猿进化成功。

这份编年史引起强烈反响,很多人赞同,也有不少人斥为胡说。毕竟现代人类科学技术有限,对地球远古时期的调查还无法完成,也许真要像某些人所说的,除非外星人再次来到地球,告诉我们地球上的历史,那一天我们才会恍然大悟吧!

动物的"超能力"

　　人是这个地球上最高级的智能生物了，机体的多数方面都比动物强，但那些被我们视为低等动物的某些功能，为什么甚至比人类还先进？这些功能人类之前也有吗，可现在为何又退化掉了？那些极少数具有这些超能力的人又是怎么回事？

　　人类是现在地球上绝对的统治者，人的机体经过千万年进化，已经非常科学合理，人的感官无论眼鼻口耳都十分发达。但有很多地球上的低等生物，它们虽然低等和落后，但在某些感官方面却远远超过人类。在自然界中，有些动物的超能力令人叹为观止，人类科学虽然发达，但自身永远不可能具备这种水平，除非借助机器。

　　在美国好莱坞电影《狂蟒之灾》中，那条亚马逊的巨大蟒蛇让人闻风丧胆，它好像无处不在，哪怕你躲在漆黑的角落仍然能被它抓到。以前科学家们以为蟒蛇的眼睛和猫等动物一样有着超强的夜视功能，其实正相反，蟒蛇是个瞎子。蟒蛇的视力非常差，比人类最严重的弱视还要差，别看它的那对眼睛又圆又大，瞪得你浑身发毛，那几乎就是个睁眼瞎。但蟒蛇在眼睛和鼻孔之间有一种能感受温度变化的器官，只要有物体能发出温度，蟒蛇就能立刻感觉到。这种器官在蟒蛇脑袋两侧各有一个，这样一来，蟒蛇就能准确地判断发出温度的物体在什么位置、距离多远，这比人类发明的温度探测仪还要先进。这种能力显然是致命的，只要你的身体散发温度，就不会逃过蟒蛇。它脑袋两侧的这种温度感官就是两个小坑，上面有薄膜盖着，原理有点像针孔照相机。温度发出的红外线打在薄膜上，再传到蟒蛇的神经中枢，从而转化成图像。

人的眼睛是个构造极为复杂的感光体，它能分辨出几千万种颜色，如果折合成数码相机的像素，一只眼睛接收到的图像大概有五亿像素。这应该算是够先进的了吧？但和某些动物或昆虫比，那就小巫见大巫了。人眼只能看到普通波长的颜色，而世界最小的鸟类——蜂鸟的眼睛却能看到人类视觉以外的光波。人眼借助紫外线仪看到的图像只有紫色，而在蜂鸟看来却是色彩斑斓，非常丰富。哈勃太空望远镜在外太空拍摄的照片都是紫外线图像，技术人员要对图像进行彩色化处理后才能看到颜色，但蜂鸟就不用了。这种比虫子大不了多少的鸟心脏每分钟能跳一千二百余次，飞行能力也极强，不但能上下飞和侧飞，还能倒着飞和悬浮，比现在的直升机先进得多。

对人类来说，辨别方向必须靠类似航标的东西，比如太阳星星的位置和灯塔，即使这样有时也会迷路。而大多数鸟类却能利用地球的磁场来准确导航，就算要飞行几千公里也不会找错方向，这比人们发明出来的 GPS 卫星还要准确上百倍。可惜的是，科学家到现在也不知道鸟体内的什么器官是用来导航的，但在 2006 年 7 月，意大利生物学家卢米埃尔在一次科学交流大会上提出："鸟类能将磁场发出的磁力线转换成带有颜色的光线，这种光线无处不在，一直覆盖在它们的视觉范围中，所以它们能依靠这种磁力光线来导航，从而进行准确无误的飞行。"他的观点很有新意，但仍然没有确切的证据。

人类的鼻子算是很灵敏的了，如果在一立方米空气中有万分之一毫克的人造麝香，人类也能闻出来。但人只能嗅出不到四千种气味，而众所周知狗嗅觉比人类还要高出一万倍，它们能在一立方米空气中分辨出亿分之一毫克的异味。很多狗能从几千公里外找回家，靠的就是主人在路上遗留下来的微弱气味。在 2009 年，德国生物学家发现犬类和人类体内都有一种叫"K-15"的基因，主管嗅觉，人类的嗅觉并没有退化，而是被该基因分泌的物质压制着，因为人类在进化过程中认为超强的嗅觉可有可无。如果把 K-15 基因去掉，人类的嗅觉立刻就能提高几千倍！

人的眼睛在白天看东西很容易，但在夜晚就不行了，如果周围环境毫无光线，人就和瞎子差不多。但所有的猫科动物却能在黑夜中行走自如，它们的眼睛在视网膜后面有个像镜子似的亮膜，被称为"脉络膜层"。这个膜层能折射投进视网膜内的光线，光线打在膜层上就会增强，相当于调大了亮度，这样一来，猫就能看清所有的东西。也正因为这个"脉络膜层"反射了光线，所以猫的眼睛在晚上会发光。科学家正在研究，希望能制造出人造膜层植进人的眼睛中，这样人类在晚上也能看得清清楚楚了。

生物学家发现了这样一种现象：在海底有很多鱼都躲藏在沙土中，根本无法看到，但鲨鱼却总是能准确地找到这些躲起来的鱼。后来科学家们才知道，鲨鱼大脑内有一种特殊细胞，这些细胞对电场很敏感。肌肉收缩也会发出电场，就算躲在沙子底下的鱼肌肉也会微微动弹，只要一动就会产生电场。这种电场对其他动物来说几乎没有，但对鲨鱼已经足够了，它能立刻感受到这种电场，然后出击寻找。科学家们更发现，这种细胞人类也有，但在进化过程中，该种细胞已经改为主管大脑发育和面部特征了。这也从另一个侧面证明，人类的祖先是生活在海里的，那时我们的祖先也有这种功能。

大多数的蛇类都会边游走边吐出那条分叉的舌头，让人看了就害怕，觉得蛇吐信肯定是在发怒。其实完全误会，蛇要是不吐舌头就什么也看不到，没错，它们是用舌头"看"东西的。蛇的舌头不是用来尝味道的，而是包着一层很薄的膜，这种膜能感受到空气中飘浮的各种微粒，这些微粒会被送到舌根部一个特殊的凹槽里，这个凹槽被科学家叫作"杰克逊器官"，专门用来把微粒的气味和温度信息转化成电子信号，大脑又会把这种电子信号转换成图像信号，从而判断出周围的物体的形状、距离和大小。

　　动物的这些神奇功能已经越来越被人们所熟知，科学家们会根据这些器官制造出各种仿生仪器，来填补人们感官的不足，在这一点上，我们还得谢谢那些动物。

第八章　奇特地球

亚马逊丛林奇特生物

被称为"地球之肺"南美亚马逊河是世界上最神奇和诡异的地方，这里有多少没被人类发现的物种，它们为什么会进化成这样？是地形复杂，还是长年未被开发的原因？这些生物又有着什么样的奇怪特征，对人类有害还是有益呢？

最新研究表明，地球上总共有八百多万种生物，而人类已经知道和命名的却只有不到一百万种，也就是说，有九成以上的地球生物我们还没发现。南美洲的亚马逊丛林是个巨大的宝库，这里至少生存着地球上三分之一的生物，每年科学家都能在这里发现一万多种陌生的新生物，很多生物奇怪得超出想象，甚至是恐怖的、骇人的。

巴拿马西部的亚马逊丛林中有一种被土著人称为"蜡烛树"的怪树，此树结出的果实很像一根根蜡烛，当地人把它们摘下来，到了晚上用火点燃来照明。蜡烛树果燃烧的亮度比普通蜡烛还要亮，而且无味无烟，烧尽之后只剩下一小团灰，非常环保，到现在科学家们也没研究透这种果实的成分。

类似的树在巴西东北部的雨林中也有，当地人叫"香胶树"，属于苏木科的常绿乔木。该树的树液中含有大量富含倍半萜烯的柴油，完全

240

不用提炼，就能直接当柴油用。巴西人在香胶树干上钻个洞，在洞口插进管子，树油就会流出来。一棵三十米高的香胶树，两个小时就能流出近二十公升的树油，取完后用塞子把洞口一堵，半年后还能再取。现在巴西、美国、日本和菲律宾等国已经开始大量种植这种香胶树了。

1997 年 6 月 7 日，美国佐治亚州理工学院研究生特洛伊·亚历山大在秘鲁东南部考察亚马逊的时候，在坦波帕塔研究中心附近忽然发现了一些东西，就像一个围成圆圈状的白色栅栏，直径约两厘米，中间还有一个白色的小小尖塔，从塔尖上引出一些细细的白色丝线，分别挂在每根栅栏上。开始亚历山大以为是谁搞的恶作剧，可一连几天，他又在雨林的不同位置发现了另外三个这样的小栅栏。亚历山大经过研究后发现这不是人为产生的物质，而是某种生物，但他查遍资料也找不出相关的东西。亚历山大把小栅栏的照片发到网络上，奇怪的是竟没一人能认识它们。

秘鲁坦波帕塔研究中心的生物学家菲尔·托雷斯同样对这些小栅栏的起源感到困惑："我们不知道这种东西是怎么长出来的，或者是某种生物飞过来生在这里的，甚至是拉出来的粪便？"美国康奈尔大学的学者琳达·拉约尔则猜测："我觉得这种动物有可能是草蜻蛉，要么就是由尾蛾科昆虫做的一个没完成的茧？但看上去又像折角蛾科飞蛾的作品。"

2012 年 7 月，在巴西多尼亚州玛代拉河工作的圣安东尼奥能源公司几名工程师发现了一个怪东西。这是六条又像蜥蜴又像蛇似的生物，长度超过一米，表皮颜色很像人类的肠子，最奇怪的是头部没有眼睛也没有嘴和鼻子，只有一个细细的小孔。

负责大坝的生物学家朱利安·图潘用手捏着这种生物对记者说："这东西太奇怪了，尽管看上去像蛇，却不是爬行动物。它没有眼睛鼻子嘴，而那个细孔也不是用来喘气的，到底靠什么呼吸呢？我们猜测是用表皮。"

第八章　奇特地球

241

在看到女记者对着这条奇怪的"蛇"脸上发红的时候，图潘笑了："这东西长相确实不好看，已经有很多人说它的头长得很像男性生殖器。"

这种罕见的生物在 1968 年时曾经被南美人发现过，但以后再也没有出现，这次抓到的六条有三条被放生，有一条死了，剩下的两条被小心翼翼地带到美国去仔细研究。直到现在，科学家们也没正式给它命名，因为还没找出它到底是靠什么呼吸的。

英国广播公司和美国《探索》频道在 2009 年 7 月共同出资，成立了一个由巴西、英国科学家和潜水人员组成的科考小组，深入亚马逊河腹地进行实地考察。结果又发现了几个全新物种。其中一种神秘的鱼让大家感到可怕，暂时命名为"吸血鱼"，因为此鱼和蝙蝠或蚊子类似，什么也不吃，全靠吸血为生。此鱼全身透明，长度只有人的手指节那么长，不到三公分，虽然个头小，但那个透明肚子里装的全都是鲜血，而且都是大鱼的血。它们在水里专门挑比自己大很多的鱼，然后从腮部钻进大鱼体内，慢慢撕裂大鱼身体中的一切，再吸食血液。最后这条大鱼会被大量的吸血鱼吃得只剩下一副鱼骨，十分残忍。

生物学家巴朗西说："我们觉得这种吸血鱼在吸血的时候，肯定会分泌出抗凝血的化学物质，以防止血液凝固，就和蚊子一样。这种物质是全球医学家做梦都想要得到的，如果我们能提炼甚至复制，医生们就可以更好地治疗心脏病和供血系统紊乱等病了。"

科考小组还发现了另一种奇特的鱼，已经正式命名为"皇冠豹异型鱼"，这种鱼的牙齿很特别，很像勺子，但边缘全是锯齿。皇冠豹异型鱼除了木头什么也不吃，那副锯牙齿就是用来锯木头和吃木头的。木头被吃进肚子后，肚里的一种特殊细菌会把木头中的植物纤维素转成化学物质，供皇冠豹异型鱼生存。除了这个能耐之外，皇冠豹异型鱼还会把空气吃到肚子里用肠子来呼吸，这一点是地球其他所有生物都做不到的。

除此之外，科考队还在巴西南部的亚马逊地区发现一种罕见的哺乳动物，巨大的超级水獭。这可能是地球上最大的水獭了，科学家把它们正式命名为 Pteronura brasiliensis。这种巨獭雄性的身长一般都会超过两米，体重近五十公斤，算得上水獭家族中最大的了。它们除了喜欢吃淡水鱼，还特别爱吃贝壳类和螃蟹，为了解决这类生物的硬壳，巨獭总是在爪子里握着一块石头到处走，遇到贝类和螃蟹就用石头敲碎硬壳，吃里面的嫩肉。按理说使用工具是灵长类动物的优势，可巨獭居然也会，让人感到惊讶。

亚马逊河自身就是一个巨大的奇迹，它有超强的生命力，虽然该地区近些年被巴西政府砍伐钻井破坏得很厉害，但看起来却永远那么生机勃勃。用巴西圣保罗动物博物馆馆长的话说："亚马逊似乎有种很奇怪的能力，人们破坏得越严重，科学家在那里发现的新物种越多。"很多科学家对这种观点很讨厌，他们认为破坏绝不是发现新物种的手段，这是非常愚蠢的。没错，如果是为了发现物种而破坏，那我们宁愿不要。

第八章 奇特地球

永远不死的生物

生老病死是自然规律，但地球上真的有那种永远也不会死去的生物吗？它们是用什么形式得到永生，为什么能够永远活着，是什么原理能够让这些生物永葆青春，这种能力是否可以移植到人的身上？

人总是会变老和死去，动物和所有植物也都一样。树的寿命都有上百甚至几千年，但最后仍然会慢慢衰老而枯死，只不过相比人类的寿命更长些而已。千百年来，人们总在寻找能长生不老的方法，虽然一直没能成功，但却经常会碰到有这种能力的生物。

2001 年 5 月，美国北卡罗来纳州著名沿海小镇波福特的居民卡梅隆在海边捞鱼时，无意中打捞上来一个奇怪的东西。卡梅隆把这个怪东西带回镇上，大家都啧啧称奇，这东西呈浅灰色，又软又韧，外表极有弹性，摸起来的感觉有点像新鲜的猪肝，闻上去没有海腥味，而是有一种蘑菇的香味。

开始卡梅隆以为它只是个菌类植物，就将其放在院子里的一个大盆里。他的妻子用刀切了一小块这种怪东西，用油煮了之后试着尝了几口，味道非常鲜美。

几个小时后，卡梅隆的十五岁儿子突然发现这东西的形状改变了，开始它在大盆的左侧，现在却移到了右侧，而且刚才被妈妈切掉的那一部分也完整了！好奇的卡梅隆再次用刀把怪东西切掉一大块，然后用数码相机对准大盆开始摄像。三个小时后再观看回放，发现这个怪东西确实会动，只是动得很慢，那被切掉的部分也慢慢生长如初。

更奇怪的事情在第二天，卡梅隆早晨起床来到院子，惊讶地看到大盆中的怪东西比昨天大了一倍，几乎充满了整个盆体。卡梅隆的邻居们得知此事后纷纷来看，卡梅隆的妻子把怪东西切了一半分给邻居们做菜。又过了一夜，次日早晨那怪东西果然又长大了一倍。不到十天的工夫，怪东西已经长得比一头牛还巨大，波福特警察局的米拉警长也赶到他家，听过报告后决定去波福特学院找生物系的专家来研究，但要等一周后。

五天之后，卡梅隆打紧急电话给警察局，称那个怪东西已经大得无法挤出院门，请警察必须想个办法！米拉警长和五名警察来到他家，六个人都吃了一惊，一个庞然大物堵在卡梅隆家门口，无数镇民在院外围观，大家都担心这个东西是魔鬼的化身，迟早会长得和美国一样大，甚至把地球压扁。

米拉警长紧急下命令，用电锯将怪东西一分为二，然后用汽车拖到海边扔进大海。好在这个怪东西没有再次从海中出现，但波福特学院的生物学家们却感到十分遗憾，因为那也许就是传说中的远古深海生物"太岁"。人们只听到过它的名字，但从未有人见过实物。

早在1989年4月，爱尔兰生物学家纳尔达在智利西北部海域发现了一种当地人称为"灯塔水母"的生物，属于水螅虫纲，体长只有五毫米左右，吃比它们更小的微生物。纳尔达总共抓了四千条水母，直到2003年，在长达二十四年的研究过程中，纳尔达惊奇地发现，这四千条水母除了在某次换水时缺氧而死了十五条之外，竟然没有一条自然死亡！

他发现，灯塔水母在20℃的水温中从幼小的水螅状态到成熟阶段，只需要一个月的时间。而成熟后的水母并不是找异性交配，却又回到水螅状态，而且这个过程无限重复！在二十四年中，纳尔达从青年变成中年，但这三千九百八十五条灯塔水母却不多不少，一直活得好好的。纳尔达不知道这个过程是永远存在，还是终有期限，但以现在的研究状态而言，估计他这辈子是看不到尽头了。

灯塔水母是地球上目前已知的唯一能从成熟期回复到幼虫期的生物了，纳尔达发现，水母能长生不老的秘诀就是它的干细胞分化过程。正常生物的干细胞在中枢神经调节下，会越分裂越慢，最后停止，但灯塔水母的干细胞却似乎不受神经控制，能一直分裂下去，而且速度不变。纳尔达试着把一只灯塔水母切开，发现它居然能在二十四小时内变成两条水蛭幼虫，七十二小时后又长出触角，五天后变成了两条。就算把它的身体切碎成几百块，只要每块中有完整的细胞，就能变成一条水螅虫。

纳尔达猜测，干细胞的类型和功能在某些生物体内有可能会发生改变，而伴随这种功能上的转化，表现出来的就是器官再生了。也许正是干细胞的这种变化过程，给"灯塔水母"了一个不死之躯。

除了"太岁"和灯塔水母之外，地球上生命力最强的生物并不是蟑螂，也不是老鼠，也不是细菌和病毒，而是水熊虫。水熊虫的英文名称是 Water Bear，它体形极小，只有用显微镜才能看清。最初发现水熊虫的是德国佛莱堡大学的生物系教授拉姆博士，1920 年，他发现这种虫子生命强到几乎一切力量都杀不死的地步。

拉姆博士在 2004 年 10 月 29 日的英国《自然》杂志上发表文章说："我把几百条水熊虫放在 50℃ 的干燥高温环境下，发现它们会把身体卷成圆桶状，体积也比正常情况缩小了一半，八条腿收缩，进入蛰伏状态。半年过后，我只是把环境温度降低到 30℃，湿度也只从百分之一 RH 提高到百分之五 RH，结果水熊虫全都立刻复活成常态。从这一点来看，它已经超过了绝大多数病毒的生存能力。"除了脱水试验，拉姆博士又把水熊虫分别放在零上 150℃ 和零下 200℃ 的环境，发现在半年之后只要恢复常温和给水，水熊虫就会立刻复活并开始缓慢爬行。

2007 年，日本神奈川大学的生物学家早田前一教授也在研究中发现，水熊虫能在六亿帕斯卡的强大压力下完全没事，这个压力是大气压的六千倍，也是绝大多数生物包括细菌的承受极限的两倍。水熊虫在只有百万分之一毫米汞柱的真空状态下也能保持蛰伏状态至少三个月，还能承受六十万伦琴的辐射，而人类在这种强度的辐射下活不过五秒钟。在 pH 值 1 的强酸和 PH 值 13 的强碱溶液中，水熊虫照样游得很畅快，而人和动物则会被溶化得骨头渣都没有了。

这还不算，德国科学家早在 1995 年就发现了在乌克兰某盐矿中冬眠了数千年的水熊虫，在给予水分和营养后，水熊虫们纷纷醒过来并继续活动。它们还能在微波炉加热状态下坚持六千个小时，而人类在相同强度微波下被烤熟只需要一分钟。伦敦自然博物馆中有几件 120 年前的苔藓标本，在显微镜下观察，标本中也有蛰伏的水熊虫，给标本滴上几滴水后，标本上的水熊虫全都活了。

可怕的水熊虫，全球几乎到处都有它们的影子，无论北极、热带、深海和温泉里都能找到。它们能承受高温强寒、高辐射、高压和强酸碱，在地球上没有任何力量能彻底杀死它们。看来，就算地球被战争或行星撞击而破坏得不成样子，水熊虫仍然能把自己的新陈代谢调到最慢，等几亿年过后地球自我净化完成时，它们还会慢慢醒来。

第八章 奇特地球